Oh oui !
On se marie

Conseils & inspirations
pour un mariage à votre image

*Ce livre est dédicacé aux hommes de nos vies,
Arthur, Jean, James et Raphaël*

Oh oui ! on se marie

Conseils & inspirations
pour un mariage à votre image

Par les blogueuses de
La Fiancée du Panda
& **Weddingland**

Maëlis Jamin-Bizet
Anne-Sophie Michat

Sommaire

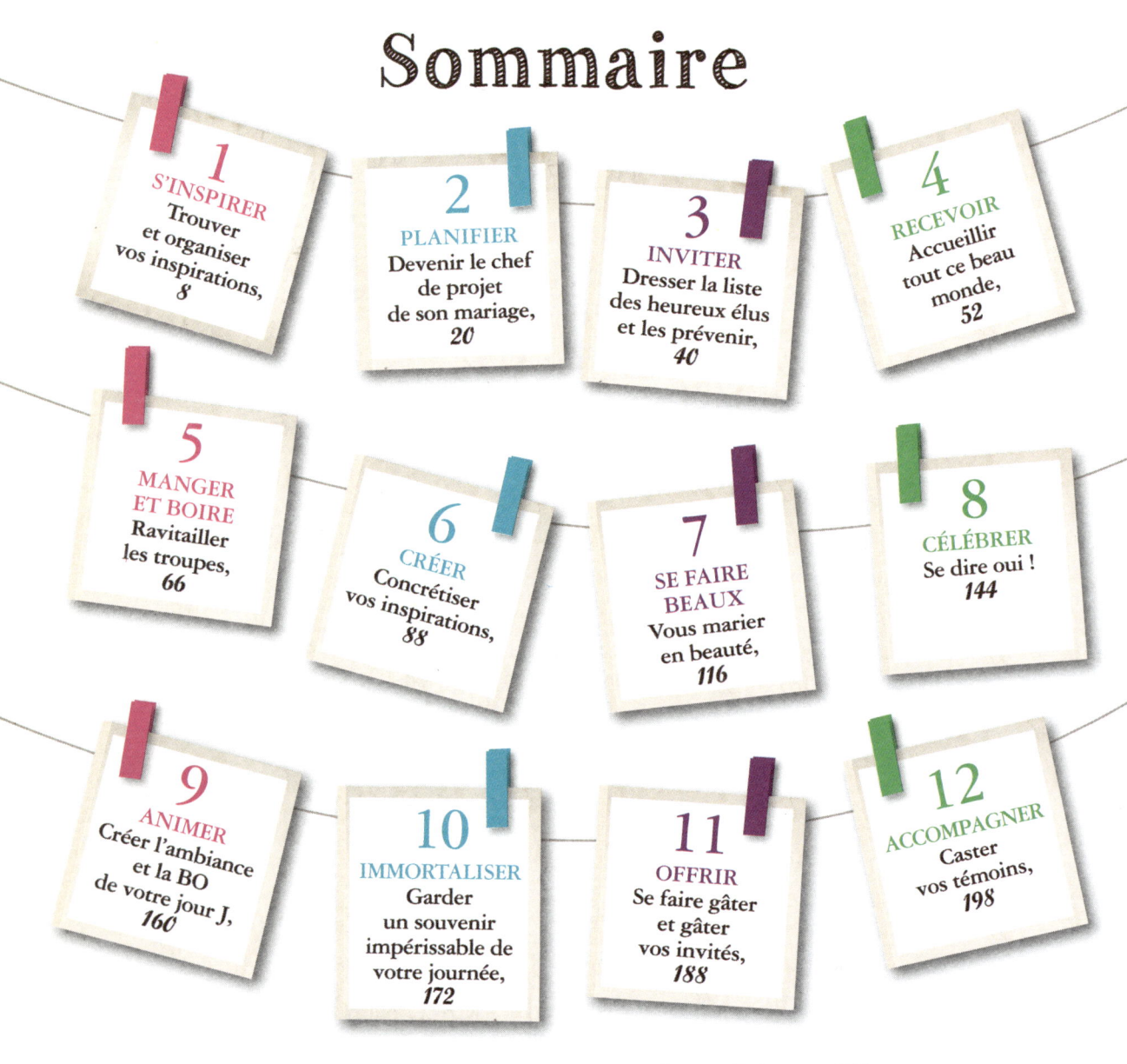

1 S'INSPIRER — Trouver et organiser vos inspirations, *8*

2 PLANIFIER — Devenir le chef de projet de son mariage, *20*

3 INVITER — Dresser la liste des heureux élus et les prévenir, *40*

4 RECEVOIR — Accueillir tout ce beau monde, *52*

5 MANGER ET BOIRE — Ravitailler les troupes, *66*

6 CRÉER — Concrétiser vos inspirations, *88*

7 SE FAIRE BEAUX — Vous marier en beauté, *116*

8 CÉLÉBRER — Se dire oui !, *144*

9 ANIMER — Créer l'ambiance et la BO de votre jour J, *160*

10 IMMORTALISER — Garder un souvenir impérissable de votre journée, *172*

11 OFFRIR — Se faire gâter et gâter vos invités, *188*

12 ACCOMPAGNER — Caster vos témoins, *198*

ET APRÈS… Nos derniers conseils pour la route, *206*

Carnet d'adresses, *210*

Index, *230*

Pourquoi un énième livre sur le mariage ? Parce qu'après deux ans à bloguer sur le mariage, nous avons eu envie d'écrire le livre que nous aurions aimé avoir entre les mains à l'époque où, fraîchement fiancées, nous avons attaqué nos préparatifs et découvert le monde merveilleux du mariage.

Parce que le mariage n'était pas un passage obligé pour nous, mais un acte d'un romantisme absolu. Relever l'impossible challenge d'une vie entière engagée auprès de la même personne, c'est un gant jeté à la face des statistiques et des sondages. Pour toutes ces raisons, nos mariages se devaient de refléter nos histoires, nos couples, nos engagements, et de transporter nos invités dans nos univers respectifs.

Nous aurions aimé trouver un livre qui nous fasse rêver. Un ouvrage ponctué de belles photos et de conseils inspirés. Qui n'édicte pas des normes, mais donne des envies de liberté pour imaginer une journée qui nous ressemble. Un livre qui soit un peu comme votre meilleure copine, qui mettrait à votre disposition toute son expérience de jeune mariée et de blogueuse mariage.

Ce livre, c'est celui que vous tenez entre les mains, et nous espérons qu'il vous plaira autant qu'il vous guidera.

Maëlis Jamin-Bizet
& Anne-Sophie Michat

WEDDING PLANNING
les temps forts des préparatifs d'un mariage

J – 1 AN

S'inspirer, 8

Planifier, 20

Inviter, 40

Recevoir, 52

J – 9 MOIS

Manger et boire, 66

Se faire beaux, 116

Immortaliser, 172

J – 6 MOIS

Célébrer, 144

Créer, 88

Animer, 160

J – 3 MOIS

Offrir, 188

Accompagner, 198

Et après... 206

S'INSPIRER

TROUVER ET ORGANISER VOS INSPIRATIONS

Vous avez des étoiles plein les yeux après cette jolie demande en mariage. Vous ne savez pas encore où, ni quand, mais vous allez vous dire oui. Pour l'instant, tout est flou. Vous vous contentez simplement d'esquisser cette journée dans votre tête. Une cérémonie sous un arbre au coucher du soleil, ou une réception grand style avec 300 personnes dans un château ? Savourez ce moment précieux où tout reste à imaginer et où le stress des préparatifs ne vous a pas encore gagnés…

1. Les différentes sources d'inspiration

Que vous en rêviez depuis votre plus tendre enfance ou que vous n'ayez commencé à y réfléchir qu'après avoir dit oui à votre âme sœur, il y a fort à parier que les préparatifs de votre mariage vont absorber une bonne partie de votre énergie et de vos pensées. Pour l'instant, prenez le temps d'observer et de compiler tout ce qui pourrait vous inspirer… et laissez reposer quelque temps. Sinon vous risquez d'être débordés par une myriade d'idées géniales, mais pas forcément cohérentes ni réalisables. Notre conseil : ne vous précipitez pas sur un shopping déco, mais laissez infuser vos envies. En attendant, voici quelques sources d'inspiration pour commencer à rêver…

Sur la Toile

Depuis quelques années, on assiste à un véritable boum des blogs consacrés à l'univers du mariage, des « wed'blogs » – wed' comme wedding, car ce renouveau du mariage vient en grande partie des États-Unis. Toutefois, la France n'est pas en reste, avec plusieurs dizaines de blogs très actifs et de qualité consacrés à ce sujet (voir Carnet d'adresses, p. 210). Ceux-ci publient des photos de mariages originaux, partagent leurs bonnes adresses (photographes, designers, créateurs de robes…) et distillent des conseils pour créer un mariage à votre image. Accros de la première heure, nous ne pouvons que vous recommander chaleureusement leur lecture, étant nous-mêmes des wed'blogueuses impénitentes !

Les blogs sont des sources d'inspiration infinies. Vous serez bluffés par le professionnalisme et la créativité des mariages américains, charmés par les détails des mariages made in France, transportés par la classe des unions italiennes. Pratique : certains rangent même les photos par palettes de couleur, par thèmes ou par styles.

Il n'y a pas que les blogs de mariage qui nourriront votre imagination fertile : décoration, cuisine, photo, mode… nombreux sont ceux qui peuvent vous inspirer. Et surtout, ne vous contentez pas de l'Hexagone : la qualité principale du Web, c'est justement d'être mondial ! Inutile d'être bilingue pour apprécier de beaux clichés…

Et ailleurs...

L'inspiration ne s'arrête pas à votre écran. Elle se niche un peu partout, que ce soit dans la vitrine des magasins, dans la décoration d'un restaurant ou d'un hôtel. Les salons du mariage peuvent également vous fournir quelques idées, même s'ils restent classiques. Par ailleurs, de nouveaux événements ont entrepris de renouveler le genre et proposent une sélection de prestataires talentueux dans une ambiance décontractée. Nous vous conseillons vivement d'aller faire un tour

Tendance Do it yourself (DIY)
par Annabelle, du blog The Bride Next Door
(www.thebridenextdoor.fr)

De plus en plus, les mariés ont envie d'un mariage à leur image, loin des standards habituels. Or, quoi de mieux pour personnaliser le sien que de le fabriquer soi-même ? Le Do it yourself est devenu une tendance incontournable. Les mariés créent désormais eux-mêmes papeterie, cadeaux d'invités ou éléments de décoration. Vous trouverez de nombreux tutoriels sur le Web pour vous donner des idées et vous guider dans leur réalisation.

sur les salons Love, etc. en janvier à Paris, et My Lovely Date à l'automne dans le Sud de la France. Les Coulisses du Mariage, le Grand Salon du Mariage et le Salon du Mariage du Carrousel du Louvre font également figures d'incontournables.

Les magazines sont aussi une source précieuse d'inspiration, qu'il s'agisse de journaux spécialisés dans l'univers du mariage, comme Oui magazine ou Mariée magazine, ou de magazines de décoration, de cuisine et de mode. Piochez des idées un peu partout. Mieux, partez de votre histoire, de vos passions, de vos voyages, de vos souvenirs d'enfance… Rien de tel pour personnaliser le jour J. Cela peut aller du choix du lieu – une ferme dans l'Aveyron, une région où vous passiez tous vos étés lorsque vous étiez enfant – à celui des cadeaux destinés aux invités – une pomme d'amour en référence à votre premier rendez-vous en amoureux dans une fête foraine. Faites fonctionner votre mémoire ! Ces petits détails, distillés tout au long de votre mariage, le rendront unique.

Comment choisir les bonnes couleurs ?

Pour garder une certaine cohérence et éviter l'effet bariolé – à moins que cela ne soit un choix totalement assumé ! –, mieux vaut s'en tenir à une palette de couleurs. Il peut s'agir d'un duo, d'un trio, d'un camaïeu ou, pourquoi pas, de six à huit teintes. Il n'y a pas de règle. Il faut juste que les couleurs s'harmonisent entre elles. À moins d'être un artiste au sens des couleurs inné, le plus simple est de partir d'un tissu, d'un joli papier ou d'une photo dont les teintes vous ont tapé dans l'œil. Sur Internet, de nombreux sites, comme Color Palette Generator (http://

bighugelabs.com/colors.php) ou ColRD (http://colrd.com), vous permettront d'en extraire la palette.

D'autres, comme The Perfect Palette (www.theperfectpalette.com), Kuler (https://kuler.adobe.com) ou COLOURlovers (www.colourlovers.com), proposent des centaines de palettes toutes faites, parmi lesquelles vous trouverez forcément votre bonheur.

2. Organiser et communiquer vos inspirations

Ce n'est pas le tout de collecter les inspirations. Il faut aussi les stocker, les organiser et les classer pour pouvoir les retrouver le moment venu. Il n'y a rien de pire que d'écumer frénétiquement la Toile à la recherche de cette photo de wedding cake que vous voulez absolument montrer à votre pâtissier. Cela vous permettra également de faire le tri parmi les milliers de jolies choses qui vous font envie et d'être capable, le moment venu, de communiquer vos idées aux personnes chargées de les réaliser.

Les réseaux sociaux de bookmarking visuel

Si vous êtes un peu geek, il n'existe rien de plus pratique que les sites comme Pinterest (http://pinterest.com). À la manière d'un panneau de liège virtuel, ce réseau social vous permet d'épingler (to pin) des images trouvées sur la Toile et de les classer sous forme de planches (boards) thématiques (décoration florale, papeterie, robes, coiffures…). Le fonctionnement est très simple : il suffit de créer un compte, puis d'ajouter le « pin it button » à la barre des favoris de votre navigateur. Ensuite, lorsque vous repérez une image qui vous plaît, cliquez simplement sur le signet, puis choisissez le visuel et le board auquel vous souhaitez l'ajouter. Génial pour partager vos trouvailles avec vos témoins, mais aussi pour faire comprendre au fleuriste ce que vous entendez par « des fleurs sauvages, mais pas trop » – il suffit de leur envoyer le lien par e-mail. Le vrai plus : les images épinglées par vos contacts ou celles que vous trouverez via le moteur de recherche sont une source d'inspiration en soi.

Le carnet d'inspiration

Moins high-tech, mais tout aussi efficace, le carnet est un outil essentiel des futurs mariés. À garder toujours sur vous, il servira à noter sur-le-champ cette idée de génie avant qu'elle ne vous échappe autant qu'à compiler photos, croquis et pages de magazines qui vous ont tapé dans l'œil. Organisez-les par thèmes et choisissez un format ni trop petit (A5 minimum) pour pouvoir y coller des choses, ni trop grand pour pouvoir le transporter partout. Véritable livre de bord de vos préparatifs, le carnet d'inspiration est aussi un très joli souvenir à conserver par la suite. N'hésitez pas à en user et en abuser pour mieux vous faire comprendre des prestataires avec lesquels vous allez travailler : fleuriste, traiteur, wedding planner… L'idée n'est pas de réunir des visuels représentant exactement ce que vous voulez, mais plutôt de définir une ambiance, un style. Un morceau de tissu, la photo d'un plat, une couleur, une page shopping et même une phrase, mis bout à bout, contribuent à définir une atmosphère, et c'est cela que vous allez devoir communiquer. N'hésitez pas à accumuler les sources. Ne cherchez surtout pas à obtenir un résultat cohérent dès le départ ! Cela prendra forme petit à petit, et vous ferez le tri au moment de concevoir précisément votre déco.

3. Concevoir votre jour J

Une fois passé le bouillonnement d'inspirations des premières semaines, vos envies commenceront à prendre forme. L'écueil classique à ce stade, c'est le trop-plein : vous débordez d'idées, mais cela part dans tous les sens et vous ne savez plus par où commencer. Sans compter qu'à moins de poser un congé sans solde pour les six prochains mois, la liste de vos envies excède largement le temps dont vous disposez pour les concrétiser. Si vous sentez approcher la saturation, une seule solution : faites une pause ! Pendant quelques jours ou quelques semaines, reprenez une vie (presque) normale. Plus facile à dire qu'à faire quand on est sévèrement atteint, mais croyez-nous, c'est salutaire. D'abord parce que cela permettra à votre entourage de souffler un peu. Ensuite parce que cela laissera le temps aux sédiments de se déposer – comme dans un lac, vous voyez ? – pour ne laisser qu'une eau claire et limpide : la vision de votre mariage.

Il est temps, à présent, de définir plus concrètement la décoration de votre mariage selon trois facteurs : le style, le thème et le motif.

Le style

C'est l'ambiance générale qui se dégage de votre mariage, l'impression esthétique qu'elle produit (plutôt urbain chic ou champêtre vintage ?). Flexible et ouvert aux interprétations, le style est ce qui donne de la cohérence à votre jour J. De même qu'en matière d'habillement, le style n'est pas une panoplie, mais l'addition de détails qui vous ressemblent et vont créer une atmosphère unique. On a souvent une image en tête lorsqu'on commence à penser à son mariage : fermez les yeux, comment vous voyez-vous ? Pieds nus dans le sable, au soleil couchant ? En stilettos dans une Porsche ? C'est un bon point de départ qui vous donnera des idées de lieux et d'ambiance (une plage dans le Sud, un hôtel chic) à décliner ensuite en éléments de décoration. Si aucun de vous n'a d'idée précise, ou si vos idées sont très différentes, pourquoi ne pas organiser un brainstorming en couple ? Autour d'un bon dîner, écrivez ensemble tous les mots qui vous viennent à l'esprit au sujet de votre mariage. Au bout d'un moment, vous verrez se dessiner le contour de votre journée telle que vous l'imaginez à deux.

Le thème

Plus précis qu'un style, un thème fait référence à une époque, un concept, un lieu, une œuvre… Attention, il n'est pas à prendre au pied de la lettre, mais plutôt à utiliser comme fil à tisser au sein de votre style. Ne soyez pas premier degré et visez la subtilité. Par exemple, si votre thème est le cirque, évitez l'animation « clown à table ». Préférez plutôt des petits détails, comme des tickets d'entrée vintage en guise de marque-places.

Le motif

Un élément de décoration précis, décliné comme un clin d'œil au fil de votre déco, lui ajoutera un supplément d'âme. Il peut s'agir d'un monogramme, d'un graphisme iconique (la tour Eiffel) ou d'un dessin reconnaissable (des papillons, des oiseaux) : le but, c'est qu'il soit vraiment personnalisé. Là encore, piochez dans l'histoire de votre couple pour trouver un symbole qui parlera à vos invités. Attention, toutefois, de ne pas confondre le motif avec le thème : décliné à tout bout de champ, cela deviendrait monotone.

Style, thème et motif ne sont pas à envisager comme des éléments séparés, mais comme un mélange subtil dont vous allez doser les différents ingrédients pour obtenir un résultat harmonieux. Pensez allure, mais pas total look. N'hésitez pas à jouer sur

Un nouveau métier : l'event design

À force de voir se multiplier les émissions de télévision sur le sujet, le wedding planner, on connaît (sinon, voir d'urgence notre chapitre « Planifier », p. 20). Mais voici qu'un nouveau métier pointe le bout de son nez, venu tout droit des États-Unis : l'*event design*. Comme son nom l'indique, ce « concepteur d'événement » se dédie à l'élaboration de la déco de votre jour J dans les moindres détails, des fleurs jusqu'aux faire-part (en revanche, il ne gère ni la logistique ni la coordination). Doté d'un réel talent créatif et d'un solide bon goût, il doit savoir s'adapter à votre style. N'hésitez pas à y penser si vous manquez de temps, mais que vous souhaitez vous faire plaisir côté décoration.

plusieurs tableaux : entre le cocktail, le dîner et la cérémonie, vous avez la possibilité d'imprimer plusieurs nuances à votre journée. Tout en gardant une certaine cohérence, rien n'empêche de combiner plusieurs ambiances, surtout si vous disposez d'espaces séparés. Votre décoration raconte une histoire, la vôtre !

Les Mariés sur le Divan

Je suis obsédé(e) par mon mariage, c'est grave Docteur ?

À moins de travailler dans l'événementiel, c'est probablement le seul événement de cette envergure que vous organiserez dans votre vie. C'est donc tout à fait normal que vous surfiez à toute heure, que vous pensiez pièce montée, robes et cortège à la moindre occasion, et que vous deviez compter les petits-fours pour vous endormir. L'envie de bien faire, d'être original(e), l'angoisse de ne rien oublier, cela peut vite vous rendre obsessionnel(le). Le seul risque est d'épuiser votre entourage. Pas de panique, tout cela rentrera dans l'ordre après le jour J… À moins que vous ne décidiez de créer un blog « mariage » !

Ma fiancée est devenue folle, que faire ?

Le soir, la lumière de son iPad vous empêche de dormir parce qu'elle surfe frénétiquement à la recherche du cadeau d'invité idéal. Elle a pris en otage votre mère, qui passe ses journées à lui coudre des fanions. Vous vivez dans l'angoisse de l'entendre commencer une phrase par « j'ai eu une idée… » – qui implique forcément de sacrifier les trois prochains week-ends à des activités aussi incongrues que le pliage de cocottes. Enfin, le mariage est (presque) devenu son unique sujet de conversation. Bref, vous vous demandez où est passée votre fiancée ! Détendez-vous, vous la retrouverez dès que le mariage sera terminé. Avant cela, il va falloir faire preuve de patience et de tolérance. Ce qui ne vous empêchera pas de lui rappeler de temps en temps – calmement – que c'est vous qu'elle va épouser, pas cette (jolie) paire d'escarpins violets.

FICHE PRATIQUE

Un carnet d'inspiration pour un mariage rustique et bohème

Par Nessa, du blog *La mariée aux pieds nus* (www.lamarieeauxpiedsnus.com)
et event designer chez *Made in You*

Un mariage rustique et bohème, c'est un joyeux mélange d'éléments disparates, d'objets récupérés çà et là, détournés de leur fonction première, où d'anciens châssis de fenêtres deviennent plans de table et où des livres anciens se transforment en porte-alliances. Des compositions pleines de poésie où, sur les tables, la porcelaine de famille se mêle à des pièces dénichées en brocante et donne à la journée un petit côté pique-nique improvisé plein de fraîcheur.

Un seul mot d'ordre, la récup'. Fouillez les armoires et les buffets de vos grand-tantes, harcelez votre grand-mère pour récupérer ce joli fauteuil en velours, il sera parfait pour le photobooth. Et mettez à contribution toute la tribu pour récupérer pots de confiture et autres bocaux qui serviront de vases le jour J. Si tante Gertrude a troqué son buffet vintage pour un meuble suédois, à vous Emmaüs, puces et autres dépôts-ventes pour trouver votre bonheur. Sans oublier la Toile : eBay ou Etsy sont une source inépuisable d'idées et d'objets. Et si vous aimez la couleur et les motifs, foncez ! Liberty, vichy, dentelles, tout peut s'associer pourvu d'avoir en tête une ou deux couleurs directrices. Côté gourmandises, un buffet de tartes faites maison, jus de fruits fermiers, ou sodas joliment présentés dans leurs bouteilles en verre et le tour est joué ! Le mariage rustique et bohème est toujours lié à l'histoire du couple et à leurs souvenirs, et surtout plein de poésie.

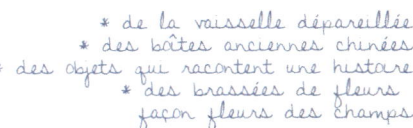

Sur les tables...

* de la vaisselle dépareillée
* des boîtes anciennes chinées
* des objets qui racontent une histoire
* des brassées de fleurs façon fleurs des champs

Une maison de famille

"Raaah l'amour!"

Des tartes aux fruits

Pour lui...
* un nœud pap'
* du Liberty, du vichy...
* du bleu
* une boutonnière assortie au bouquet
* des bretelles

Côté papeterie, on mélange les motifs et les couleurs!

Pour elle...

Une couronne de fleurs

PLANIFIER

DEVENIR LE CHEF DE PROJET DE SON MARIAGE

Vous avez commencé à collecter idées et bonnes adresses, mais la date se rapproche doucement (ou dangereusement, c'est selon). Il est temps de vous attaquer au gros morceau de vos préparatifs : la planification de votre mariage. Du rétroplanning au choix des prestataires, on vous dit tout.

1. Élaborer un rétroplanning de vos préparatifs

Combien de temps faut-il pour organiser un mariage ? S'il est fréquent aujourd'hui que l'organisation se déroule sur un an environ, cela ne veut pas dire que c'est une obligation. N'écoutez pas les esprits chagrins, organiser le vôtre en deux mois est tout à fait possible, si cela vous chante. Contrairement à une idée reçue, les préparatifs courts ne sont pas forcément les plus stressants. Dans l'urgence, on va à l'essentiel et on a moins de temps pour tergiverser !

Gardez simplement à l'esprit que moins vous avez de temps, plus vous devrez faire preuve de souplesse. Si vous avez une idée ultra-précise de ce que vous voulez, mieux vaut s'y prendre un tantinet à l'avance.

Que vous disposiez de deux mois ou de deux ans, l'essentiel est d'établir la liste de vos priorités. Pour cela, nous vous invitons à les classer en trois catégories :

★ *« On ne peut pas faire sans »* : ce sont les fondations de votre jour J, les éléments sans lesquels il serait difficile d'appeler ça un mariage.
★ *« C'est mieux avec »* : ce sont les murs et la toiture. Bien sûr, vous pouvez vous en passer, mais ce serait un peu aride.
★ *« Et si on a le temps »* : c'est la déco de la maison, tous ces petits riens qui nous font plaisir.

En fonction du temps dont vous disposez, c'est vous qui allez voir comment vous construisez votre maison. Si vous disposez de quelques semaines, commencez par assurer les fondations, vous verrez le reste après. Si vous avez quelques mois, vous pouvez mener les chantiers 1 et 2 en même temps, mais gardez le 3 pour plus tard, une fois que vous aurez suffisamment avancé. Cela vous évitera des moments de panique à la dernière minute.

À partir de cette liste, vous allez pouvoir établir vos priorités. Réfléchissez-y à deux : qu'est-ce qui compte le plus pour vous ? Une tonne de détails déco home-made ou un lieu qui en jette ? Contrairement à ce que vous pourrez lire dans beaucoup de guides dédiés au mariage, il n'y a pas UNE bonne façon de procéder, il y a celle qui VOUS convient. Fuyez ceux qui vous assènent des vérités du type : « Quoi, tu n'as pas fait ça ? Mais pour un mariage, il faut absolument… » Non, votre mariage ne doit pas forcément ressembler à celui des autres, et la priorité, c'est avant tout ce qui vous correspond. Cela vaut pour le rétroplanning comme pour la répartition des dépenses, gardez cela en tête !

2. Déterminer le budget et répartir les dépenses

Gérer son temps, c'est une chose ; gérer son argent en est une autre. Et pas des moindres. Surtout lorsqu'il s'agit du budget de son mariage. L'important, c'est d'être rigoureux, même si d'habitude vous êtes du genre à consulter vos comptes en vous cachant les yeux. Là, il va falloir les ouvrir sérieusement, car les sommes grimpent vite.

Jadis très codifiée, la répartition des dépenses est aujourd'hui plus simple. Si ce n'est pas vous qui financez l'intégralité de votre mariage, chacun participe à la facture globale au prorata de ses invités. La maman de la mariée offre généralement la robe, tandis que les parents du marié s'acquittent du costume. Quant à l'hébergement, il est le plus souvent à la charge des convives.

Évaluez

Jusque-là, vous vous êtes contentés de rêvasser devant des alliances de créateurs et d'imaginer votre dîner en extérieur éclairé par des guirlandes de fêtes foraines, sans vous poser la question du coût. Malheureusement, le mariage en a un.

D'après l'Insee, les Français dépensent en moyenne 11 800 euros pour leur mariage. Pour 100 invités, on estime que le budget oscille entre 8 000 et 20 000 euros. Évidemment, il ne s'agit que d'une moyenne, pas d'un minimum ! On peut faire un très joli mariage avec un tout petit budget, et la contrainte peut se révéler un excellent stimulant pour faire preuve de créativité.

★ *Le mot-clé : an-ti-ci-per !* Pour cela, nous vous avons concocté une fiche (très) pratique (p.37) qui recense trois hypothèses (basse, moyenne et haute) pour les principaux postes de dépenses. Attention, même si vous n'oubliez rien et si vous avez l'impression d'avoir été très réaliste, gardez à l'esprit que le budget réel dépasse souvent de 15 % le budget prévisionnel ! Parce qu'on a des coups de cœur et que l'on craque, mais aussi parce qu'il y a toujours de faux frais : le repas de la veille pour ceux qui viennent aider, le matériel qui casse au dernier moment et qu'il faut remplacer…

★ *Ce qui va être déterminant, c'est le nombre d'invités.* De lui dépend non seulement la taille de la salle, mais aussi le nombre de repas, de faire-part, de livrets de cérémonie, de cadeaux, de chaises, de centres de table… L'autre point crucial, ce sont vos ressources. Faites donc vos comptes pour évaluer quelle somme vous pouvez dépenser, sondez (avec tact) vos familles pour voir sur quelle aide vous pouvez compter et, surtout, restez raisonnables. Pas question d'endetter votre descendance sur quatre générations parce que vous avez toujours rêvé d'une arrivée en hélico !

Arbitrer

Maintenant que vous avez une vague idée du coût de votre mariage et du budget que vous pouvez lui allouer, il est temps d'arbitrer (sauf si Papounet vous a donné carte blanche, dans ce cas, passez directement à la rubrique suivante). Pour cela, deux options.

★ *La première,* et la plus évidente, c'est de réduire la liste des invités pour pouvoir vous offrir le château/la robe/le feu d'artifice de vos rêves. Il s'agit en effet de la première variable de coût. Pour le faire avec diplomatie, plusieurs solutions existent (voir chapitre « Inviter », p. 40). Mais ce n'est pas forcément facile de décider qui seront les heureux élus, voire parfois impossible sans risquer un conflit familial d'ampleur nucléaire (vive les familles à rallonge !).

★ *La seconde :* faites le point sur ce qui vous tient vraiment à cœur. Avoir de bonnes photos ? Une déco à couper le souffle ? Offrir à vos invités un magret de canard dont ils ne sont pas prêts d'oublier le goût ? Une fois que vous aurez établi les postes sur lesquels vous pouvez rogner et ceux sur lesquels vous serez intransigeants, jetez un œil à notre fiche

pratique (p. 37). Elle vous permettra d'établir votre budget en le panachant selon vos envies : hypothèse haute pour la robe, basse pour les fleurs, moyenne pour le DJ… L'important, pointe Carole, wedding planner pour l'Agence Smack, « c'est d'avoir une vision globale du mariage. Par exemple, dépenser une fortune dans une robe de créateur, si on ne veut pas prendre de photographe, c'est dommage ! Mieux vaut dépenser un peu moins pour la robe, mais avoir des souvenirs de vous dedans». Autrement dit, réfléchissez bien en amont. Ce serait dommage de tout dépenser dans la décoration florale et de devoir trinquer au crémant parce qu'on n'avait plus de quoi payer le champagne.

Garder la tête froide

C'est votre journée, alors évidemment, tout doit être parfait. À chaque étape, vous risquez de craquer et de dépenser un peu plus parce que, pour quelques euros supplémentaires, les dragées seront tellement meilleures, les invitations tellement plus élégantes, les compositions florales tellement plus chic… Mais quelques euros multipliés par le nombre de tables ou d'invités, cela finit par faire des sommes rondelettes. Pour chaque poste, fixez-vous un budget à ne pas dépasser. Avant de craquer, mettez les choses en perspective. Est-ce que cela va vraiment changer la face de votre mariage d'avoir du ruban satin double face plutôt que simple face ? Et si vous ne pouvez pas vous retenir, tâchez d'économiser sur un autre poste pour rééquilibrer. Enfin, refaites vos comptes au moins une fois par mois pour faire le point et vérifier que le budget ne dérape pas. Mieux vaut s'en apercevoir tôt que trop tard, en se retrouvant à cours de cash pour payer le traiteur !

Comparez et négociez

Si, pour vous, le mariage, c'est avant tout une histoire d'amour, pour de nombreux prestataires, c'est surtout une histoire d'argent. Beaucoup n'hésitent pas à abuser de l'enthousiasme des futurs mariés en leur facturant des prestations à prix d'or. Alors, règle numéro un, ne dites jamais que vous vous renseignez pour un mariage, sauf si vous y êtes obligés. Un bouquet tout simple coûte dans les 25 euros, alors qu'un fleuriste facturera facilement 60 euros pour celui de la mariée. Idem chez le coiffeur qui, en temps normal, vous tressera un chignon pour 30 à 40 euros, alors que, sous prétexte que c'est le plus beau jour de votre vie, il vous en demandera 150.

> ## Mon DJ veut être réglé en cash. Je cède ?
>
> Il n'est pas rare que les prestataires vous proposent de les payer au noir. L'offre est tentante : ils paient moins de charges et vous font bénéficier d'une ristourne conséquente. Mais prudence ! Sachez que la complicité de travail dissimulé peut être pénalement punie jusqu'à 45 000 euros d'amende et trois ans d'emprisonnement. En cas de problème avec le prestataire (le travail ne vous convient pas ou, pire, il ne se présente pas le jour J), vous n'aurez aucun recours. Enfin, ce professionnel ne sera pas assuré. Que se passera-t-il alors si le matériel du DJ met le feu à l'installation électrique du manoir ? C'est à vos risques et périls.

L'autre astuce pour ne pas se faire grignoter son budget par des prestataires trop gourmands, c'est de bien connaître les prix pratiqués. Si la plupart des futurs mariés connaissent le coût d'un rendez-vous chez le coiffeur, ils sont plus rarement informés du tarif de location d'une chaise et du prix d'une pièce montée. Ainsi, sachez par exemple qu'une housse de chaise vous coûtera entre 1 et 6 euros, que louer un siège vous sera facturé entre 2 et 14 euros (sans compter les frais de transport) et qu'un livret de cérémonie créé par un professionnel vous reviendra à 2,50 euros pièce environ. Le mieux pour connaître le marché, c'est de faire le tour des prestataires (merci Internet !), d'effectuer des petits sondages sur les forums ou de se renseigner auprès des copines qui sont déjà passées par là. Sachant que les tarifs varient aussi selon les endroits. Enfin, ne vous jetez pas dans les bras du premier prestataire venu. Demandez plusieurs devis, comparez et faites jouer la concurrence. Beaucoup sont prêts à baisser leurs prix pour décrocher un contrat. Mais soyez vigilants ! Exigez des devis très détaillés. Un DJ paraîtra peut être moins cher qu'un autre, tout simplement parce qu'il n'aura pas intégré les éclairages qu'il vous comptera en supplément…

3. Le timing de la journée

À la fois pour une meilleure gestion du temps et pour vous permettre, à vous et à vos invités, d'en profiter au mieux, la question du rythme à donner à votre jour J est capitale. Même si pour vous le temps semblera passer trop vite, ce ne sera pas forcément le cas pour

vos convives ! Il faut donc ne pas prévoir trop long, anticiper les retards, éviter les temps morts… À l'inverse, ne faites pas de cette journée un marathon ! Tout est dans l'équilibre. Voici quelques repères, ainsi que des conseils testés et approuvés pour imprimer le bon tempo à votre événement.

Les préparatifs

S'il y a beaucoup de domaines où la parité progresse, les préparatifs d'un mariage n'en font pas partie ! Pour vous, mademoiselle, comptez au moins deux heures, coiffure/manucure/maquillage/enfilage de la robe, minute d'émotion comprise. Pour vous, monsieur, selon votre degré de patience ou de raffinement, une heure devrait suffire (rigolade avec les témoins incluse).

La mairie

Malheureusement, vous risquez de ne pas avoir le choix : la cérémonie civile est souvent rapide, pour ne pas dire expéditive dans les grandes villes (quinze minutes montre en main) ! Attention, les retards sont fréquents, surtout l'été : prévoyez un délai avant d'enchaîner sur le reste de votre programme pour éviter de voir votre planning déraper. Si vous avez la chance de connaître le maire ou de tomber sur un adjoint sympa, vous pourrez éventuellement lui demander de lire un texte ou de passer une musique que vous aimez bien, auquel cas il vous faudra prévoir un peu plus de temps, tout en sachant que cela excédera rarement la demi-heure.

La cérémonie

Si vous vous mariez religieusement, la durée de la cérémonie dépendra de votre degré d'investissement et de votre pratique religieuse. À l'église, une simple bénédiction

Faut-il célébrer le mariage à la mairie et la cérémonie le même jour ?

Si beaucoup de mariés choisissent de tout concentrer sur une journée, la question mérite d'être posée. Certes, célébrer les deux le même jour vous permet de réunir tous vos invités en une seule fois. Néanmoins, cela imprime un rythme soutenu et peut vous donner l'impression de ne pas voir la journée passer. Par ailleurs, séparer les deux peut vous permettre d'avoir un moment plus intime, en ne conviant que les proches à la mairie par exemple. Enfin, cela permet de fêter votre mariage deux fois, et ça, c'est chouette !

dure en moyenne trente minutes, tandis qu'il faut compter une heure (deux pour les plus pratiquants) pour une messe avec Eucharistie. À la synagogue, la cérémonie dure environ une heure, tandis que le mariage musulman est très court.

Si vous avez choisi d'organiser une cérémonie laïque, c'est vous qui en fixerez la durée. Idéalement, celle-ci devrait être de vingt minutes au minimum – au risque de paraître expéditive, mais de moins d'une heure pour maintenir l'attention.

Le cocktail

La durée classique d'un cocktail est de deux heures : un temps suffisamment long pour que les invités aient le temps de papoter, et vous, de les saluer (voire d'attraper un petit-four ou deux au passage, mais ne rêvez pas trop !). Attention, la durée du cocktail est étroitement liée à la quantité de nourriture que vous prévoyez : rien de pire qu'un vin d'honneur à rallonge où le buffet est nettoyé au bout d'une heure. Si vous prévoyez léger, mieux vaut raccourcir le cocktail, cela évitera que Tonton Robert s'épanche sur votre phase « Madonna » pendant le repas, parce qu'il a trop bu de champagne sur un estomac à moitié vide.

Le dîner

De grâce, coupez court à une tradition bien française et évitez le dîner à rallonge amuse-bouches/entrée/plat/fromage/dessert/mignardises, dont vos invités sortent à minuit, alourdis et avec une seule idée en tête : aller se coucher ! Si vous comptez faire

la fête jusqu'au petit matin, n'hésitez pas à alléger le repas et à l'abréger par la même occasion. Ces dernières années, de plus en plus de mariés choisissent d'abandonner l'entrée au profit d'un cocktail un peu plus fourni : un excellent moyen de limiter le temps passé à table.

De même, ne chargez pas la barque côté animations : ce n'est pas parce que vos invités sont pris au piège qu'il faut leur infliger douze diaporamas de vos années d'école de commerce. Demandez à vos témoins de se restreindre à deux ou trois animations originales.

La soirée

Si vous avez bien lu ce qui précède, la soirée ne devrait pas débuter trop tard : dans l'idéal, entre 23 h et minuit. Un horaire décent qui permettra aux jeunes parents, aux personnes âgées et à tous ceux qui s'écroulent de sommeil après 1 h du matin de partager au moins une danse avec vous. Quant à vous et à votre super-bande de potes… la nuit vous appartient !

4. Coordonner vos prestataires

Une fois le déroulé de la journée bien établi dans votre tête, il est temps de le mettre par écrit. En effet, le timing est un document précieux pour l'une des tâches délicates de l'organisation d'un mariage : la gestion des prestataires. L'idéal, c'est de prévoir un mémo de la journée, dans lequel vous inclurez les informations suivantes :

➜ UN DÉROULÉ HEURE PAR HEURE ET MINUTE PAR MINUTE DE LA JOURNÉE

Indiquez à chaque étape les points importants (par exemple : 20 h > traiteur > allumer les bougies). Ce fil rouge doit vous permettre de voir où vous en êtes dans le planning de la journée et de réagir en cas de retard – en accélérant la fin du cocktail si la cérémonie a duré plus longtemps, par exemple.

➜ UNE FICHE AVEC LES NUMÉROS UTILES

Cette fiche doit comporter tous les numéros de téléphone des prestataires, de vos témoins, du propriétaire du lieu de mariage, du taxi du coin pour les invités trop éméchés pour conduire, de l'officiant de la cérémonie, de la mairie… Bref, tous les numéros dont vous pourriez avoir besoin pour régler un quelconque problème d'organisation. Ce qu'on n'y met pas : vos numéros (vous serez injoignables) et celui de vos parents (ils ont bien le droit de profiter de la fête). Idéalement, vous imprimerez cette petite fiche sur du papier cartonné, dans un petit format facile à glisser dans une poche de jean.

➜ UN TROMBINOSCOPE

Pas indispensable, il peut toutefois se révéler vraiment utile pour permettre aux prestataires d'identifier les personnes clés du mariage. À faire si vous avez du temps, ou si vous êtes une grande maniaque de l'organisation.

✔ *À qui donner ce mémo ?* Au traiteur, au photographe, au DJ, au propriétaire du lieu de réception, à tous vos témoins et, de manière générale, à toute personne un tant soit peu impliquée dans l'organisation de votre mariage. Si vous avez choisi de faire appel à un wedding planner, confiez-lui le soin de communiquer le déroulé aux différents prestataires (et de les gérer).

Même si ce petit investissement en temps vous paraît superflu, il vous épargnera un stress et un temps précieux le jour J. Sans parler de vous faciliter la tâche pour déléguer à vos proches le soin de gérer les petits couacs de la journée pendant que vous papillonnerez en amoureux sur votre nuage.

5. Déléguer

En amont, vous n'aurez peut-être pas le temps ni l'envie de dédier vos soirées et vos week-ends aux préparatifs. Le jour J, vous serez bien trop occupés à sourire béatement, une coupe de champagne à la main et à embrasser des tonnes de joues pour vous préoccuper de la logistique. Et heureusement ! Pour être sûrs que tout va comme sur des roulettes, mieux vaut donc faire comme tout bon manager : dé-lé-guer !

Faire appel à un wedding planner

Si vous êtes loin, si vous n'avez pas le temps, pas d'idées, pas l'envie, la question se pose de faire appel à wedding planner. Ce métier anglo-saxon existe depuis plus de dix ans en France ; toutefois, il commence seulement à se populariser. Contrairement à ce qu'on croit, il n'est pas réservé à une élite aux moyens conséquents et peut se révéler tout à fait accessible.
Les prestations d'un wedding planner se décomposent généralement comme suit :

➔ CONSEIL

Un rendez-vous de quelques heures pour vous aider à avancer, répondre à vos questions et vous donner de judicieux conseils. Utile si vous êtes les premiers de votre entourage à vous marier et que vous ne savez absolument pas par où commencer.

➔ CARNET D'ADRESSES

Un accompagnement dans la recherche de vos prestataires. Le wedding planner vous ouvre non seulement son réseau testé et approuvé, mais il peut aussi vous aider à obtenir les meilleurs tarifs.

➔ COORDINATION DU JOUR J

Homme-orchestre de votre journée, le wedding planner se charge de tout pour que vous puissiez profiter de votre mariage l'esprit libre. Un service vraiment utile (ça passe tellement vite) et plus abordable qu'une prestation complète !

→ L'ORGANISATION DE A À Z

Du premier rendez-vous, où vous définissez vos attentes et vos envies, au jour J, le wedding planner s'occupe de tout. Lieu, traiteur, décoration, coordination des prestataires et mise en place le jour du mariage… Vous n'avez qu'à valider ses choix. Une formule qui conviendra à ceux qui travaillent beaucoup ou à ceux qui se marient loin et n'ont pas envie de multiplier les allers-retours.

★ *Si vous optez pour cette formule,* le wedding planner jouera le rôle d'assistant personnel tout au long de l'année de préparation, ouvrira son carnet d'adresses et gérera les devis et réservations auprès des différents prestataires. Il peut également concevoir tout ou partie de votre décoration (voir « L'event design, un nouveau métier », chapitre « S'inspirer », p. 16).

★ *Un gain de temps et d'efficacité précieux :* « Je passe beaucoup de temps à rencontrer des prestataires et à chercher des lieux atypiques, des petites pépites », affirme Carole, wedding planner pour l'Agence Smack.

★ *Le wedding planner s'assure également de la cohérence de l'ensemble*, gère les relations avec les différents prestataires, veille au respect du budget et au timing de la journée. Enfin, il fait attention au confort des invités et répond aux questions pratiques des futurs mariés. Si ceux-ci n'y ont pas pensé, il leur rappelle de prévoir des rafraîchissements, une baby-sitter, des petits cadeaux…

★ *Tout cela a évidemment un coût :* entre 10 et 15 % du budget total pour l'accompagnement global. Pour les autres formules, les prix sont très variables : comptez aux alentours de 100 euros pour un rendez-vous conseil, à partir de 400 euros pour la coordination du jour J et en fonction du nombre de prestataires pour le carnet d'adresses. Certes, cela peut faire un peu monter l'addition, mais ce n'est pas forcément le cas : grâce à son réseau, il peut aussi vous faire profiter de tarifs intéressants ou dénicher des petits prestataires locaux géniaux.

★ *Pour choisir votre wedding planner,* le maître-mot, c'est le feeling. Le courant doit bien passer entre vous dès le premier rendez-vous. Vous lui confiez les rênes de l'une des journées les plus marquantes de votre vie, il faut que vous vous sentiez à l'aise ! Enfin, pensez à vérifier qu'il est bien enregistré auprès de la chambre de commerce – un réflexe à avoir pour l'ensemble de vos prestataires.

Le jour J : déléguez à vos proches

À la fois pour pouvoir en profiter et parce que vous n'aurez pas la tête à ça le jour J, désigner une sorte de chef d'équipe parmi vos proches (témoin, membre de la famille, ami) peut se révéler une excellente idée. Choisissez de préférence une personne calme, diplomate et dotée d'un certain sens de l'organisation. Vous pouvez aussi constituer une petite équipe de choc. L'important, c'est de leur faciliter la tâche.

→ LISTEZ

Énumérez, espace par espace, le déroulé des événements, ainsi que tous les éléments de décoration prévus. Cette check-list vous permettra également de ne rien oublier lorsqu'il faudra tout apporter sur place la veille du mariage.

→ ORGANISEZ

Rassemblez les objets dans des cartons, classés espace par espace, pour que votre chef d'équipe n'ait pas à fouiller partout le moment venu. Évitez-lui aussi de passer deux heures à classer les marque-places le jour J et faites-le à l'avance.

→ PHOTOGRAPHIEZ

L'idéal pour que les différents espaces ressemblent à ce que vous imaginez, c'est de les installer chez vous et de les prendre en photo (oui, même la manière dont vous voulez plier les serviettes). Votre proche n'aura plus qu'à copier (voir « Organiser et communiquer vos inspirations », p. 12).

→ DÉTAILLEZ

Établissez un rétroplanning de la journée et confiez-le à vos témoins et prestataires (voir « Coordonner vos prestataires », p. 31). Précisez tout, point par point, heure par heure (voire minute par minute) : le déroulement des cérémonies, le début du cocktail, l'ouverture du photobooth, les animations, le dessert, l'ouverture du bal… Et notez également qui doit faire quoi et quand (qui apporte les livrets, le riz, qui gère le parking…). Le plus efficace : remettre à chacun une fiche avec le descriptif de chaque tâche et l'heure à laquelle elle doit être effectuée. Par exemple : 9 h, prendre les livrets de cérémonie à l'hôtel ; 12 h 15, distribuer les livrets aux invités devant l'église. Donnez-lui également la précieuse fiche des numéros utiles (voir p. 31) afin qu'en cas de problème, il puisse joindre les personnes concernées sans avoir besoin de courir partout.

➜ SOYEZ PRÉVOYANTS

Donnez-lui une « trousse de secours » avec des ciseaux, de la colle, du scotch double face, des épingles à nourrice, des stylos, un feutre, du masking tape… Bref, tout ce dont cette bonne fée pourrait avoir besoin pour pallier une catastrophe de dernière minute !

Être organisé et tout préparer à l'avance, c'est la meilleure manière d'assurer un déroulement fluide. Mais attention, ce n'est pas une garantie à 100 %. Il y aura inévitablement des imprévus, et heureusement : cela réserve aussi de très jolies surprises !

Les Mariés sur le Divan

**J'ai un tout petit budget,
j'ai peur que mon mariage soit cheap…**

On peut dépenser des milliers d'euros en orchidées et organiser un mariage sinistre. Le véritable baromètre, c'est l'ambiance, pas le prix des spots. Vous pouvez vous déhancher avec autant de bonheur au rythme d'une playlist qu'au son des platines d'un DJ superstar. Si vous êtes un peu serrés, misez sur l'originalité : organisez un brunch, louez une ferme et embarquez vos invités dans une ambiance barbecue. Pas assez de fonds pour un wedding cake ? Engagez vos convives dans un concours de tartes maison ! Et surtout, soyez heureux, rayonnants et dynamiques, c'est tout ce dont vos invités se souviendront.

**Mes parents paient tout.
Comment leur faire comprendre que j'ai mon mot à dire ?**

Loin de se contenter du rôle de généreux donateurs, ils donnent leur avis sur tout. Comment leur faire comprendre sans les blesser que cette ingérence vous dérange ? Mieux vaut éviter de les attaquer de front, il va falloir ruser. Prenez le temps (à deux, c'est mieux) de leur exposer calmement vos envies sur les points qui vous importent le plus. Expliquez-leur qu'organiser un mariage à votre image vous rend heureux. Confiez-leur les tâches qui vous intéressent le moins. Et sur le reste, lâchez du lest !

FICHE PRATIQUE
Définir son budget poste par poste

Pour chaque poste, trois hypothèses (sur une base de 100 personnes). À vous de faire votre cuisine pour établir votre budget. Attention, les prix indiqués sont des ordres de grandeur. Ils ne prennent en compte ni les tarifs de l'oncle Jacques qui photographie des mariages le dimanche deux mois par an, ni le prix de location de la Ford Mustang importée des États-Unis.

Le tableau ci-dessous vous donne des estimations pour les grands postes de dépenses. À vous de remplir les blancs en fonction des différentes hypothèses, et vous obtiendrez une petite idée du coût global de votre mariage.

	HYPOTHÈSE HAUTE	HYPOTHÈSE MOYENNE	HYPOTHÈSE BASSE	MON BUDGET
Location de salle	10 000 euros	1 500 euros	500 euros	
Traiteur (sans le vin)	10 000 euros	5 000 euros	3 000 euros	
Vins (50 bouteilles)	600 euros	400 euros	250 euros	
Champagne (58 bouteilles)	1 800 euros	870 euros	495 euros (pas de champagne au dessert)	
DJ (sans les lumières d'ambiance pour la salle)	1 200 euros	700 euros	400 euros	
Fleurs (décoration salle)	1 200 euros	400 euros	200 euros	
Faire-part	600 euros	400 euros	200 euros	
Location de voiture	1 500 euros	600 euros	250 euros	
Photographe (journée complète)	3 000 euros	1 000 euros	600 euros	
Vidéaste (en option)	4 000 euros	1 500 euros	700 euros	
Robe de la mariée (avec accessoires)	5 000 euros	1 200 euros	500 euros	
Costume	1 500 euros	300 euros	150 euros	
Coiffure et maquillage de la mariée (un essai + jour J)	400 euros	150 euros	90 euros	
Bouquet de la mariée	150 euros	60 euros	35 euros	
Alliances (les deux)	3 000 euros	700 euros	150 euros	
Total	43 950 euros	14 780 euros	7 520 euros	

FICHE PRATIQUE
Check-list à J-7 : avez-vous pensé à...

... VEILLER AUX DERNIERS DÉTAILS :

- envoyer un e-mail collectif rappelant l'heure, le lieu, la date et un numéro de portable en cas de souci (surtout pas le vôtre !) ;

- prévoir quelqu'un pour gérer le parking ;

- confirmer l'heure d'arrivée avec l'ensemble des prestataires (baby-sitter, traiteur, DJ, fleuriste, officiant, photographe, vidéaste...) ;

- vérifier que votre CD/MP3 fonctionne bien sur le lieu de la cérémonie/la mairie ;

- avertir votre traiteur si le nombre d'invités a changé ;

- obtenir une extension de responsabilité civile auprès de votre assurance pour votre réception ;

- demander l'agrément auprès de la préfecture si vous avez prévu un feu d'artifice ou un lâcher de lanternes ;

- sécuriser les espaces à risque (étang, piscine) s'il y a des enfants ;

- récupérer vos tenues ;

- passer prendre les alliances.

... DÉSIGNER DES PROCHES POUR :

- garder précieusement un petit sac contenant votre portable, de quoi faire un raccord maquillage, des mouchoirs, des épingles à nourrice... (cf. "Se faire beaux, kit de survie des mariés", p. 142) ;

- nommer des "chiens de berger" pour guider les invités après la mairie/l'église ;

- réserver le premier rang pendant la cérémonie pour les "VIP" (parents, témoins, frères et sœurs...) ;

- s'occuper des grands-parents ;

- coacher les enfants d'honneur ;

- garder un œil sur le timing ;

- rassembler les personnes concernées pour les photos de groupe ;

- vous apporter à boire et à manger pendant le cocktail (ne rêvez pas, vous n'y arriverez pas seuls).

- gérer le parking.

- apporter le riz ou les pétales de fleurs.

FICHE PRATIQUE
Organiser un mariage éthique

Envie de lui dire oui sans dire non à vos convictions ? Quelques pistes pour un mariage éthique et écologique...

★ **Faire-part**
Deux solutions : l'e-mail ou le papier recyclé imprimé avec des encres végétales. La poste propose même un écotimbre pour une distribution économe en CO2.

★ **Alliances**
Renseignez-vous sur la provenance des pierres, ainsi que sur les conditions d'extraction de celles-ci. Pas question de se marier avec un *blood diamond* au doigt.

★ **Tenues**
Plutôt que de craquer pour un costume ou une robe made in China, privilégiez le made in France et les matériaux écologiques, louez votre tenue ou chinez-la dans une boutique vintage.

★ **Décoration**
Pour la papeterie, optez pour des matériaux biodégradables et du papier recyclé. Si vous tenez aux fleurs coupées, sélectionnez des fleurs de saison, achetées à des producteurs locaux. Ou, mieux, choisissez des plantes en pot que vous pourrez ensuite replanter. Gâtez vos invités avec des graines dans un sachet en lin, des confitures bio maison ou du miel produit par l'apiculteur du coin.

★ **Transports**
Choisissez une destination accessible en train plutôt qu'en voiture, et arrivez à la mairie ou à l'église à pied ou à vélo plutôt que dans une vieille Bentley.

★ **Traiteur**
Recrutez un traiteur éthique qui travaille avec des produits bio, cultivés localement, et commandez le vin dans une petite cave du coin (voir « Manger et boire », p. 66).

Enfin, au lieu de la classique liste de mariage, pourquoi ne pas faire un geste pour la planète, en demandant à vos invités de faire un don en votre nom à une association ?

INVITER

DRESSER LA LISTE DES HEUREUX ÉLUS ET LES PRÉVENIR

Vous avez dit oui, vous avez fixé la date. Maintenant, il s'agit de l'annoncer à la Terre entière et de convier les VIP à la noce du siècle : la vôtre !

1. Élaborer sa liste d'invités

Si ce n'est pas le plus glamour, l'élaboration de votre liste d'invités doit venir en priorité sur votre to-do list, car elle détermine tout le reste… ou presque ! Sur les plus gros postes, tels que salle et traiteur, votre budget dépend en effet largement du nombre d'invités. Par ailleurs, vous n'envisagerez pas le même type d'organisation ou de déco si vous conviez 30 ou 200 personnes.

Qui a son mot à dire dans l'élaboration de la liste ?

De façon assez pragmatique, on considère souvent que ceux qui paient sont concernés par l'élaboration de la liste d'invités. Très souvent, cela concerne donc votre couple et vos parents (parfois grand-parents) respectifs. C'est vrai, mais ce n'est pas si simple. Si vous financez l'intégralité de votre mariage, vous n'avez de comptes à rendre à personne. Néanmoins, vos parents sont aussi des « personnalités » importantes (surtout s'ils mettent la main à la pâte pour vous aider dans vos préparatifs), et leur demander qui ils souhaitent inviter, même s'ils ne participent pas financièrement, est une attention délicate.

♥

SAVE THE DATE

JESSICA  MARCEL

JEUDI 7 SEPTEMBRE 2013

· · · · · PARIS XI ᵉᵐᵉ · · · · ·

Dans l'éventualité où vos parents respectifs financent tout ou partie de votre mariage, c'est un peu différent. Sans dire que le fait de mettre la main au portefeuille leur donne le droit de tout régenter, on peut comprendre qu'ils souhaitent faire entendre leur avis. Dans les faits, cela peut se révéler compliqué : sujet hautement sensible, la liste d'invités est bien souvent un terrain miné entre le couple, la belle-famille et la famille. Comment faire plaisir à vos parents, sans avoir l'impression de se faire déposséder de son mariage ?

➜ PHASE 1 : COMMENCEZ PAR EN DISCUTER À DEUX

Ce qui vous paraît évident ne l'est pas forcément pour l'autre (« Pas la peine d'inviter tes tantes, on ne les voit jamais ! »). Prenez le temps d'en discuter calmement et de confronter vos visions : grand mariage avec la famille étendue ou petit mariage intime avec les parents et les meilleurs amis ? Quid du cas où la famille de l'un est deux fois plus étendue que celle de l'autre ? Sur ces sujets sensibles, il est indispensable que vous soyez en phase tous les deux avant d'en discuter avec vos familles respectives pour éviter que les tensions éventuelles ne dégénèrent en disputes (croyez-en notre expérience, cela peut aller très vite !).

➜ PHASE 2 : IMPLIQUEZ VOS PARENTS TOUT EN POSANT DES LIMITES

Une fois la ligne commune définie avec votre moitié, il est temps de poser les choses avec vos parents respectifs. Sauf s'ils s'entendent comme larrons en foire (et encore… ils risquent de se liguer contre vous en cas de désaccord !), mieux vaut les voir séparément. Prenez le temps de leur expliquer comment vous envisagez votre mariage et les contraintes éventuelles que cela suppose sur le nombre d'invités. Posez clairement, mais sans agressivité, vos limites – s'il y a par exemple une personne de leur entourage que vous détesteriez voir à votre réception, dites-le dès le début. Expliquez-leur que votre but est de leur faire plaisir, mais que cela reste avant tout votre journée. Enfin, soyez à l'écoute et tâchez de ne pas vous braquer à la première anicroche : mieux vaut parfois laisser décanter et revenir plus tard sur le sujet plutôt que de monter le ton.

Si cela coince vraiment et que votre belle-mère menace de ne pas venir au mariage si elle ne peut pas inviter tout son club d'aquagym (voir « Les mariés sur le divan », p. 49), relativisez : plus ou moins dix personnes, le jour J, vous ne verrez pas la différence. Alors que votre amoureux/se risque d'être sacrément triste de ne pas avoir sa maman à ses côtés (même si c'est une harpie, nous sommes bien d'accord).

Comment faire quand on ne peut pas recevoir tout le monde ?

Vous avez suivi nos conseils à la lettre, esquivé les embûches et aplani la moindre tension avec vos familles avec un doigté digne d'un officier du protocole, et pourtant, le nombre d'invités explose totalement votre enveloppe ! Et impossible de faire moins au risque d'engendrer un conflit familial ou de perdre vos 536 friends Facebook. Ne désespérez pas, des solutions existent.

➜ **LA SOLUTION TRADITIONNELLE : LE VIN D'HONNEUR**

Autrefois, il permettait de convier le ban et l'arrière-ban, les vagues connaissances des parents et l'ensemble des commerçants du village à prendre un petit verre à la santé des mariés, puis à s'éclipser gentiment une fois le moment du repas arrivé. Un moyen efficace de ne froisser personne, tout en préservant le portefeuille. Aujourd'hui, la tendance est plutôt à l'abandon du vin d'honneur au profit d'un cocktail où l'ensemble des

---

Suis-je vraiment obligé(e) d'inviter les enfants ?

Vous avez beau trouver les enfants de vos amis adorables (une fois qu'ils sont couchés), les inviter à votre mariage est une autre paire de manches. Sachez que, par défaut, 99 % des parents avec enfants vont considérer que ces derniers sont également conviés. Préciser « pas d'enfants » sur votre faire-part risque d'être mal vu. Expliquez plutôt à vos amis que vous aimeriez profiter d'eux à fond, sans contrainte d'horaire. Si vous êtes très justes sur le budget, soyez honnêtes… Mais souvenez-vous que faire garder leurs enfants pendant un week-end peut représenter des frais pour eux aussi !

INVITER

invités présents reste pour le dîner. Toutefois, si vous êtes dans une situation inextricable (votre père est le maire de la ville), cela reste une option valable.

✔ *Autre solution,* mais elle est plus coûteuse : organiser quelques jours avant ou après un cocktail en l'honneur de votre mariage, où sont conviés tous les convives. Une solution qui se révèle notamment adaptée dans le cas où l'une de vos familles souhaite inviter beaucoup plus de gens (et en a les moyens). On évitera dans ce cas de vexer les convives à ce cocktail bis en précisant sur l'invitation que le mariage a été célébré « dans l'intimité » (même si vous étiez 120 le jour J).

➜ LA SOLUTION « COURAGE, FUYONS » : LE MARIAGE À L'ÉTRANGER EN PETIT COMITÉ

Si l'idée d'un mariage en grande pompe vous paraît insurmontable à tous les deux, mais que vos familles sont déjà en train de convier l'intégralité des cousins éloignés, le mariage à l'étranger peut être une option salvatrice. Très prisé des Anglo-Saxons qui l'appellent « destination wedding », il consiste tout simplement à se marier à l'autre bout du monde en petit comité, dans un endroit de préférence paradisiaque (mais si votre trip, ce sont les mines de sel en Roumanie, pourquoi pas !). Plus c'est loin, plus le tri est efficace ! Rien ne vous empêche d'organiser une soirée informelle au retour pour fêter ça… sans Tata Bertha et sa moustache qui pique.

➜ LA SOLUTION « VOIE DU MILIEU » : ON FRACTIONNE LES ÉVÉNEMENTS

Si le simple terme de « vin d'honneur » vous hérisse et que vous n'envisagez pas de vous marier sans vos 50 meilleurs amis, il reste une possibilité : fractionner ! C'est-à-dire répartir vos invitations sur les différents temps forts du mariage : mairie, cérémonie, fête. Vous pouvez par exemple convier vos invités les moins proches à la mairie, où vous

servirez un simple rafraîchissement accompagné de quelques grignotis. En prospectant dans les restaurants alentour ou en négociant de pouvoir profiter gratuitement de la salle des fêtes de votre mairie, cela ne devrait pas vous coûter trop cher. Réservez la cérémonie et la soirée à vos amis et familles proches.

Enfin, si votre budget est vraiment trop serré, pourquoi ne pas envisager le mariage en deux temps : le mariage proprement dit en petit comité dans un joli restaurant par exemple, suivi quelques mois plus tard d'une énorme fiesta informelle avec tous vos amis ?

Qui doit-on inviter à la mairie ?

Qui vous voulez ! En petit comité ou avec l'ensemble de la noce, c'est à vous de voir. Gardez néanmoins en tête que toutes les mairies ne peuvent pas accueillir un grand nombre de personnes. N'hésitez pas à demander à voir la salle des mariages avant de lancer vos invitations…

2. Prévenir ses invités

Réserver la date : le save-the-date

Venu tout droit d'outre-Atlantique, le *save-the-date* – ou « retenez-la-date » en bon français – commence à connaître un certain engouement chez nous. De quoi s'agit-il ? Tout simplement d'annoncer joliment la date de votre futur mariage à vos invités, bien avant l'envoi des faire-part. En général, on les envoie six à huit mois avant l'événement – une idée particulièrement indiquée si vous vous mariez en haute saison (juin à septembre), au cours de laquelle vos convives risquent d'avoir plusieurs mariages.

★ **À quoi ressemble le *save-the-date* ?** Tout est permis, faites parler votre imagination : une photo de vous deux imprimée sur une carte postale, un Photomaton transformé en magnet, une courte vidéo envoyée par e-mail, un marque-page... Pensez à la vidéo *stop motion* (voir « animer » p. 160), amusant et facile à faire – vous trouverez toutes les explications sur la Toile. N'hésitez pas à user et abuser d'Internet et des blogs « mariage », une mine de bonnes idées ! Moins formel que le faire-part, le *save-the-date* est aussi l'occasion de s'amuser.

Inviter formellement : le faire-part

Il n'est pas inutile de le rappeler, le faire-part sert à... faire part de votre mariage. Il est généralement envoyé deux à trois mois avant le jour J, quatre si vous vous mariez en pleine saison. Indiquez une date limite de RSVP au moins un mois avant la date du mariage. Avant toute considération esthétique, un certain nombre d'informations essentielles doivent y figurer :

✔ **vos prénoms et noms de famille :** si vos amis vous connaissent, les amis de vos parents ne sauront pas forcément d'emblée qui sont « Martine et Basile » ;
✔ **la date, l'heure, le lieu et le type de la cérémonie** (religieuse, laïque ou civile) ;
✔ **vos coordonnées et, souvent, celles de vos parents.**
✔ **le type de réception** (cocktail, dîner, etc.) et le brunch éventuel

En option, vous pouvez également indiquer :
✔ **le thème ou dress code éventuel ;**
✔ **l'adresse de votre site Internet.**

Non obligatoires, mais très appréciables, les informations pratiques.

LAURENCE VISANT
&
ULYSSE LARABIAN

VOUS INVITENT À LEUR MARIAGE CIVIL

//// MAIRIE DU XVIIème DE PARIS ////
LE 23.05.13 À 10 HEURES

LA CÉRÉMONIE SERA SUIVIE D'UN BRUNCH
CHEZ MONSIEUR ET MADAME VISANT
17 RUE DE LISBONNE, PARIS XVIIème

MERCI DE CONFIRMER VOTRE PRÉSENCE AU BRUNCH
PAR EMAIL: CHANTAL.VISANT@GMAIL.COM

INFORMATIONS IMPORTANTES

DATE:	30.05.13
	RETROUVEZ TOUTES LES INFOS: WWW.LAURENCEETULYSSE2013.COM

········ PASSEPORT ········

RESERVEZ LA DATE!

LAURENCE & ULYSSE

SE DIRONT OUI LE
30.05.13

LUGGAGE TAG

DESTINATION	DATE DU MARIAGE
LE BOUT DU MONDE	30.05.13

RSVP AVANT LE

01.04.13

LAURENCEETULYSSE2013@GMAIL.COM

NUMÉRO DE VOL	PREMIÈRE CLASSE
LA2013	

BON VOYAGE

Créer son site Web de mariage
par Anne Delacour du site Mlle Dentelle
(www.mademoiselle-dentelle.fr)

C'est l'outil parfait pour informer vos invités de tout un tas de choses sans faire grimper le budget faire-part ! En fonction de votre degré de familiarité avec l'outil informatique, plusieurs solutions s'offrent à vous :
- version clé-en-main : la plus simple ! De nos jours, la plupart des listes de mariage offrent à leurs clients la possibilité de créer leur site Web ;
- version DIY : la plus flexible ! Les outils de création sur Internet vous permettront de personnaliser davantage votre site, mais vous demanderont également un peu plus d'investissement en temps.
Les meilleurs : Weebly (www.weebly.com) et WordPress (www.wordpress.com)

✔ *un plan d'accès :* bien utile si vous vous mariez dans un coin totalement perdu. N'hésitez pas à y joindre les instructions détaillées des différents moyens d'accès. Pensez également à indiquer les coordonnées GPS pour ceux qui viennent en voiture ;
✔ *les adresses des hôtels et chambres d'hôtes du coin ;*
✔ *un programme détaillé de la journée.*

Attention, chaque option rajoute du papier et alourdit donc la facture ! Si vous souhaitez envoyer un faire-part qui respecte la tradition à la lettre, sachez qu'il doit être composé de deux doubles feuillets séparés en papier vélin de couleur ivoire. Chaque famille annonce le mariage sur son feuillet, dans un texte en lettres anglaises noires.

★ *Si vous voulez rester très classiques,* ce sont les parents et grands-parents qui annoncent le mariage dans l'ordre d'apparition suivant : grands-parents maternels, grands-parents paternels et parents. Si les parents d'un des époux sont divorcés, ils annoncent le mariage, mais sans mentionner leur nouveau conjoint. Enfin, titres et décorations des uns et des autres peuvent également être mentionnés, tout comme le nom du prêtre qui célèbre la messe, dans le cas où il est un ami de la famille. Les feuillets sont ensuite imbriqués l'un dans l'autre et envoyés ensemble.

★ *Quel que soit votre choix, une règle d'or :* n'oubliez pas de relire et relire encore votre faire-part avant de l'envoyer à l'impression et n'hésitez pas à le soumettre à des yeux de confiance (pas votre cousine Kelly, qui pense que mariage prend deux « r »).

Compléter l'invitation : le site Internet

Ajouter au faire-part une petite liste des hôtels environnants ainsi qu'une carte de la région, c'est bien. Créer un site Internet, c'est encore mieux. Reportez sur votre site toutes les informations indiquées sur le faire-part (croyez-nous, l'invité a une mémoire de poisson rouge) et complétez par une liste exhaustive des hôtels, gîtes et campings de la région. Détaillez également les différents itinéraires : train, voiture, possibilités de covoiturage… Vous pouvez même ajouter des informations touristiques pour ceux qui décideraient de prolonger le séjour. C'est également l'endroit idéal pour préciser si vous avez choisi une liste de mariage ! Enfin, certains sites permettent aux invités de confirmer leur présence et de partager quelques photos.

Les Mariés sur le Divan

Ma mère veut inviter tout son club d'aquagym !

Réjouissez-vous ! Elle est tellement contente pour vous qu'elle ne peut s'empêcher de partager son enthousiasme avec son entourage (oui, cela comprend Robert le boucher). Expliquez-lui gentiment que vous avez envie de lui faire plaisir, mais pas vraiment d'accueillir dix parfaits inconnus à votre mariage. Et proposez un compromis : ok pour ses deux meilleures copines, non à toute la bande.

Je rêvais d'un petit mariage et, finalement, nous allons être 250…

Vous vous sentez oppressé(e) par la liste d'invités de votre conjoint(e), digne de celle de Kate et William. N'hésitez pas à lui faire part de vos craintes. Si c'est un malentendu, reportez-vous à notre fiche pratique (p. 50) et triez. S'il(elle) tient mordicus à ce que toute sa lignée soit présente, proposez des alternatives comme cantonner les collègues de ses parents au cocktail ou, plus radical, différencier la date de la célébration à la mairie et celle de la cérémonie. Au pire : le jour J, ménagez-vous des moments avec vos proches (le matin du mariage par exemple)…

FICHE PRATIQUE
Quelques règles de bon sens pour dresser votre liste

✔ **Faites un premier jet**, chacun de votre côté, en inscrivant le nom de tous ceux que vous aimeriez inviter. Sans restriction. Demandez à vos parents respectifs de se prêter au même exercice.

✔ **Comparez les listes** et éliminez les doublons.

✔ **Entrez tout ce petit monde dans un tableau Excel.** Ajoutez plusieurs colonnes : adresses, envoi du *save-the-date*, envoi du faire-part, réception de la réponse (séparez en trois sous-colonnes : cérémonie, cocktail, dîner), envoi des remerciements. Pensez à indiquer les enfants dans une autre couleur.

✔ **Classez par ordre de priorité** et commencez à trier.

✔ **Cela ne suffit pas ?** Envisagez des alternatives : un mariage sans enfants, sans vos collègues...

✔ **Cultivez l'art du compromis :** donnez un ou deux droits de veto à chaque partie.

✔ **Pensez à l'imprévu** en conservant une petite marge pour les invités de dernière minute.

FICHE PRATIQUE
Réaliser ses faire-part

En la matière, les options sont variées : tout fait (sur Internet ou chez un imprimeur), sur mesure (chez un graphiste ou un illustrateur), fait maison... Le budget, lui aussi, varie largement : de 0,60 euros à plus de 10 euros pièce ! La bonne nouvelle, c'est qu'un vent de fraîcheur souffle sur le monde du faire-part made in France : que vous cherchiez une création originale ou que vous ayez craqué sur l'impression en relief à l'américaine, appelée *letterpress*, le choix s'est considérablement élargi ces dernières années (retrouvez notre sélection dans le Carnet d'adresses, p. 210). Voici un tour d'horizon des différentes options, avec une estimation des prix :

★ **Sur Internet**
(à partir de 0,60 euro l'unité)
C'est l'option la plus économique ; le prix varie généralement en fonction de la quantité commandée. En plus des noms et prénoms, certains modèles permettent de personnaliser le texte de l'invitation. Attention toutefois à la qualité : mieux vaut demander un exemplaire test avant de passer la commande définitive.

★ **Chez un imprimeur**
(de 1,5 à 8 euros l'unité)
Beaucoup d'imprimeurs, spécialisés ou non, proposent des modèles de faire-part plus ou moins personnalisables. Le prix dépend du grammage du papier et des éventuelles options (carton réponse, invitation au brunch). L'avantage, c'est que vous avez le résultat sous les yeux et que vous pouvez donc vous assurer du rendu.

★ **Sur mesure**
(à partir de 300 euros pour la création + 5 à 15 euros l'unité)
Si vous êtes en quête d'un faire-part unique et que vous avez les moyens, le sur mesure est l'option royale. Votre graphiste élaborera selon vos souhaits (son style doit néanmoins vous plaire !) une création unique. Au coût de la création, très variable, il faudra ensuite ajouter le coût d'impression des faire-part.

★ **DIY**
(à partir de 1 euro l'unité)
Si vous rêvez d'un faire-part totalement personnalisé mais que vous n'avez pas le budget, ou si vous avez un graphiste ultra-doué dans votre entourage, c'est l'option idéale. Les économies que vous ferez sur le design vous permettront d'investir sur le papier ou la décoration (rubans, dentelle...). Attention toutefois à ne pas sous-estimer les coûts, a fortiori si vous le faites imprimer chez un professionnel : pour de "petites" quantités (moins de 1 000 unités en langage d'imprimeur), les tarifs peuvent être très élevés. Si vous imprimez chez vous, pensez au prix des cartouches d'encre et du papier. Enfin, avant de vous lancer dans une création, choisissez l'enveloppe, car il existe peu de formats différents. Cela vous évitera de partir sur un faire-part de format original... que vous ne pourrez jamais envoyer !

Quelle que soit l'option que vous choisirez, pensez à décliner le code visuel de votre faire-part sur le reste de votre papeterie : menus, marque-places, livrets de cérémonie... Une jolie façon de créer un subtil fil conducteur.

RECEVOIR

ACCUEILLIR TOUT CE BEAU MONDE

À moins de vouloir s'unir en toute intimité dans une chapelle à Las Vegas, mariage est synonyme de réception. Vous avez envie de partager votre bonheur avec vos amis, votre famille et, parfois même, vos collègues : il va donc falloir prévoir un lieu et une date pour réunir tout ce beau monde.

1. À quelle saison se marier ?

En France, il y a une véritable saison du mariage : l'immense majorité a lieu entre mai et septembre. Les trois premiers samedis de juin sont les dates les plus courues. Les mariés espèrent généralement conjurer le sort et avoir beau temps pour leur journée… Pourtant, rien ne garantit du soleil en juillet, et chaque saison a son charme. Attention, les dates indiquées ici sont celles des saisons météorologiques, non celles du calendrier astronomique qui nous semblent moins pertinentes.

Le printemps (1ᵉʳ mars au 31 mai)

Si quelques courageux choisissent de s'unir en mars, c'est plutôt à partir de mai que la saison des mariages commence. L'avantage du printemps, c'est que les lieux de réception et les différents prestataires sont généralement plus disponibles qu'en été. Certes, la météo est aléatoire, mais il fait parfois meilleur en mai qu'en août et, au moins, vous ne risquez pas la canicule ! N'oubliez pas de conseiller à vos invités de prendre

une petite laine et ne tentez pas le diable : d'accord pour un cocktail en extérieur, mais prévoyez impérativement une solution de repli en cas d'ondée.

L'été (1ᵉʳ juin au 31 août)

Saison reine des mariages, l'été est le choix numéro un si vous rêvez d'une réception en plein air. Attention toutefois, le beau temps n'est jamais garanti, même en plein mois d'août dans le Sud ! Là encore, prévoyez toujours un plan B si votre réception a lieu en plein air. L'inconvénient de l'été, c'est que la concurrence est rude : salles et prestataires réservés jusqu'à deux ans à l'avance, prix parfois stratosphériques, invités partis en vacances ou à un autre mariage… Si vous choisissez de vous marier durant cette période, prévenez vos convives longtemps à l'avance (voir « Réserver la date : le *save-the-date* », p. 45) et ne vous y prenez pas au dernier moment pour vos préparatifs. Une alternative consiste à envisager un mariage en semaine (le vendredi, par exemple). De nombreuses salles proposent des réductions substantielles en dehors des week-ends et vous aurez une meilleure marge de négociation sur les prix des autres prestataires. Reste à convaincre vos invités de poser une RTT…

L'automne (1ᵉʳ septembre au 30 novembre)

L'automne ne fait pas spécialement rêver quand on pense mariage, et pourtant… Les mois de septembre et d'octobre peuvent offrir de très belles journées dans des régions comme le Sud de la France. Vos invités seront ravis de prolonger les vacances le temps d'un week-end ! Si vous optez pour le mois de novembre, les parapluies risquent d'être de rigueur, mais vous obtiendrez des prix souvent très intéressants. Pourquoi ne pas en profiter pour imaginer une déco cosy, pleine de détails chaleureux qui réchaufferont vos convives ?

L'hiver (1ᵉʳ décembre au 28 février)

Rares sont les futurs mariés qui tentent l'aventure en hiver, et c'est bien dommage, car cette saison est loin d'être dénuée d'avantages. Le premier, soyons clairs, ce sont les prix, largement inférieurs à ceux pratiqués pendant la haute saison. Si vous avez un budget limité, mais ne voulez pas renoncer au mariage de vos rêves, c'est définitivement une option à envisager. Cela peut aussi vous permettre de faire des folies qui

seraient impossibles en été. Côté décoration, les cérémonies en hiver offrent une foule de possibilités, de l'ambiance Anna Karénine avec traîneau et manchon de fourrure au mariage à la montagne au coin du feu. En bonus, les photos de couple sur fond de manteau neigeux peuvent être magnifiques ! Enfin, si vous disposez de très peu de temps, c'est la saison idéale pour tout organiser en quelques semaines, sans renoncer à vos envies.

2. Dans quelle région se marier ?

Vous rêviez tous les deux d'un dîner sous le ciel du Sud-Ouest, mais monsieur est breton et la famille de madame vit en région parisienne ? Le choix risque d'être cornélien : entre l'envie de se faire plaisir, la peur qu'un tiers des invités découragés déclinent et les pressions familiales, il va falloir trancher.

★ *Si, traditionnellement,* le mariage se tient dans la commune d'origine de la mariée, cette coutume tombe aujourd'hui en désuétude. Sauf, évidemment, si madame a eu la chance de grandir dans un mas provençal. Monsieur le maire, lui, risque en revanche de réduire drastiquement votre périmètre puisqu'en France, au moins un des conjoints doit être domicilié dans la ville où sera célébré le mariage. Évidemment, rien ne vous empêche de vous unir civilement avant et d'organiser une cérémonie religieuse ou laïque le jour J (voir « Célébrer », p. 144).

★ *Deuxième élément à prendre en compte :* les prix. Si la Provence vous fait du pied avec ses promesses de beau temps, les tarifs y sont plus élevés qu'ailleurs. Même constat à Paris et dans les grandes villes, toujours plus onéreuses.

★ *Troisième critère :* la logistique. Pendant les préparatifs, vous devrez vous rendre plusieurs fois sur place, ne serait-ce que pour rencontrer les différents prestataires. C'est autant d'allers-retours qu'il faudra ajouter au budget final et l'addition peut vite grimper.

★ *Enfin, avant de signer le chèque de caution* pour ce chalet de haute montagne, prenez le temps de réfléchir. Si les trois quarts de vos invités habitent à 800 kilomètres du lieu du mariage, ils risquent de grimacer. Voire de décommander devant l'étendue des sommes à débourser. Bien sûr, il s'agit de votre mariage, un jour unique qui ne se répétera jamais… Mais vos convives ont peut-être trois autres « mariages-totalement-uniques » le même été et envie de partir en vacances vers la destination de leur choix – qui n'est pas forcément la Haute-Savoie. Pour remercier ceux qui feront l'effort de venir, redoublez d'attention et prévoyez-leur un week-end aux petits oignons.

★ *Enfin, dernier point et pas des moindres :* pensez à vérifier qu'il y a suffisamment d'hôtels, de gîtes, de campings et de chambres d'hôtes à proximité du lieu pour héberger vos invités. Mieux vaut leur éviter une longue route après une soirée arrosée !

3. Trouver un lieu de réception

Quel budget prévoir ?

Cela peut aller de 0 euro, si vous parvenez à convaincre votre grand-tante de vous prêter sa ferme normande, à 35 000 euros, si vous

Quelques repères chiffrés

Concernant la longueur du buffet, comptez au moins 4 cm par invité.
Pour un cocktail debout, prévoyez 1 m² pour deux personnes.
Pour un dîner assis, vous aurez besoin de 1 m² par personne.
Pour la soirée dansante, 1 m² pour deux personnes suffira,
sachant que tout le monde se retrouve rarement ensemble sur la piste.
En moyenne, on estime que 30 m² pour 100 personnes suffisent
(espace du DJ inclus).

vous offrez Vaux-le-Vicomte, comme Tony Parker et Eva Longoria. Plus sobrement, les tarifs pour une salle des fêtes commencent à 300 euros, mais les prix peuvent monter jusqu'à 8 000 euros, voire plus, pour un château. Pour accueillir 150 invités dans une belle salle, il faut facilement compter entre 2 000 et 3 000 euros. Si vous recevez chez vous, ou chez votre grand-tante, ne sous-estimez pas les frais annexes, tels que la location d'un générateur, de toilettes ou de tentes (voir « Recevoir chez soi » p. 62).

Quand commencer à chercher ?

Trouver un lieu doit être la première de vos préoccupations, quel que soit le temps dont vous disposez. En effet, c'est à la fois un poste budgétaire non négligeable et le facteur qui va fixer la date une fois pour toutes. Tout dépend de la saison à laquelle vous décidez de vous marier. Pour une cérémonie d'été, les salles de réception les plus demandées sont réservées un, voire deux ans à l'avance, tandis qu'en hiver, il est possible de trouver un lieu en quelques semaines. Néanmoins, ce ne sont là que des tendances générales. Si vous avez passé ces délais, cela veut seulement dire qu'il vous faudra être plus flexibles sur la date ou plus ouverts sur le type d'endroit que vous cherchez.

Par où commencer ?

Vous avez déterminé la saison et la région, négocié âprement la liste des invités et établi un budget au cordeau : il est temps de vous lancer dans la quête du lieu parfait. Comme bien souvent, Internet sera votre meilleur ami, à la fois pour débuter et pour affiner vos recherches. Notre conseil : pensez à googliser le nom d'un lieu avant de le visiter, cela vous permettra éventuellement (en cliquant sur Google Images) de voir d'autres photos que celles du site officiel – parfois exagérément flatteuses – et de dépister d'éventuels avis négatifs laissés sur des forums.

Quand on pense mariage, on imagine bien sûr château, domaine ou grange réaménagée, mais les options sont loin de se limiter à cela. Petite liste non exhaustive de lieux insolites où vous pourriez vous unir : cirque, théâtre, péniche, golf, musée, parc d'attractions, loft, usine, guinguette, moulin, bibliothèque, zoo… Tout est possible ! Sinon, plusieurs options s'offrent à vous pour dénicher la perle rare :

→ LA DEMEURE FAMILIALE

Si vous avez de la chance, vous faites partie de ces heureux mariés qui possèdent dans leur famille (plus ou moins étendue) un atout de poids : un château, une propriété, une ferme rénovée… Bref, un lieu digne d'accueillir vos épousailles. Une fois obtenu l'accord du propriétaire, il ne vous reste plus qu'à choisir une date et à attaquer les préparatifs l'esprit léger. Attention toutefois, vous devez garder à l'esprit que vous n'êtes pas dans une salle de réception louée, mais chez quelqu'un. Cela implique tout d'abord de respecter la personne et l'endroit. Assurez-vous donc de pouvoir recevoir dans de bonnes conditions et, surtout, d'être en mesure de restituer le lieu dans son état d'origine. Ne mégotez pas sur le nettoyage et le service pour vous assurer que le propriétaire ne regrettera pas de vous avoir accueillis (voir « Recevoir chez soi », p. 62). Prévoyez enfin un beau cadeau pour le remercier – même, et surtout, si c'est votre belle-mère !

→ LE BOUCHE À OREILLE

L'une des manières les plus efficaces de trouver son lieu de réception ! La technique est simple : parlez-en à TOUT le monde. Vos familles, jusqu'aux cousins les plus

éloignés, vos amis qui se sont déjà mariés, vos amis qui sont invités à des mariages (tous vos amis, en fait), mais aussi votre boulangère, le type assis à côté de vous dans le train et le serveur du bar en bas de chez vous. Cela tombe bien, le mariage est un sujet plutôt fédérateur et sympathique. Vous devriez donc réussir à glisser naturellement au détour de la conversation que vous vous mariez bientôt et que vous cherchez un lieu pouvant accueillir 150 personnes, dans le Calvados, esprit ferme normande, moins de 3 000 euros, merci beaucoup ! Diffusez, laissez reposer et attendez : il pourrait bien en sortir une pépite inattendue. Au pire, la boulangère vous demandera régulièrement des nouvelles de vos préparatifs, ce n'est pas désagréable.

➜ LES SITES DE RECHERCHE DE SALLES

En France, deux annuaires rassemblent la quasi-totalité des lieux estampillés « mariage » : ABC Salles (www.abcsalles.com) et 1 001 Salles (www.1001salles.com). Ils permettent d'effectuer une recherche multicritère en renseignant le ou les départements visés, le nombre de convives et le type d'événement. Efficace pour déblayer le terrain. Commencez par repérer tous les lieux susceptibles de vous intéresser, puis essayez d'affiner votre recherche à l'aide d'informations complémentaires (sur le site Internet de l'endroit s'il y en a un, par la recherche Google). Une fois que vous avez établi une short-list, appelez pour connaître les prix et les disponibilités. N'hésitez pas à poser un maximum de questions, cela vous épargnera des visites inutiles (voir fiche pratique, p. 65).

➜ LE WEDDING PLANNER

Si vous disposez de peu de temps, que vous êtes loin ou que vous n'arrivez pas à trouver la salle de vos rêves, faire appel à un wedding planner peut se révéler une bonne idée. Le principe est simple : vous lui donnez vos critères, il cherche à votre place, vous ouvrant au passage son carnet d'adresses. Il vous propose ensuite une sélection de lieux, que vous n'avez plus qu'à aller visiter. Contrairement à ce que l'on croit, le tarif d'une prestation de ce type n'est pas forcément délirant, et rien ne vous oblige à l'engager pour le reste de vos préparatifs. Si vous cherchez dans un secteur précis, mieux vaut choisir un wedding planner local ou bien implanté dans la région, qui aura de nombreux contacts (voir chapitre « Planifier », p. 20).

→ LE CULOT

Pas vraiment orthodoxe, mais 100 % approuvée par les auteurs, cette méthode consiste tout simplement à sortir des sentiers battus pour imaginer dans quel

endroit vous aimeriez vous marier si vous pouviez le faire n'importe où… Ensuite, il ne vous reste plus qu'à aller voir le propriétaire du lieu et à essayer de le convaincre de vous louer son petit coin de paradis. Avec un peu de bagout et beaucoup de force de conviction, cela peut fonctionner !

Optimiser vos visites

Ça y est, vous avez pris rendez-vous pour visiter un ou plusieurs lieux ! Oui, mais attention, il s'agit de visiter efficacement. Pour commencer, pensez à vous munir de notre fiche pratique « La check-list des questions à poser en visitant une salle de réception » (p. 65). Pensez également à prendre des photos ou des petites vidéos que vous regarderez à tête reposée en rentrant chez vous. N'hésitez pas à faire plusieurs fois le tour de la propriété et n'oubliez pas de demander à voir les espaces moins « nobles » comme les toilettes ou l'office du traiteur. Vérifiez qu'il y a assez de place pour mettre toutes vos tables et pour aménager une piste de danse (voir « Quelques repères chiffrés », p. 57), en vous aidant éventuellement d'un croquis.

Se marier dans un lieu public

S'unir dans les allées d'un musée, dans un jardin public ou une bibliothèque, c'est possible, mais très contraignant. Le Musée d'art moderne de Strasbourg, le théâtre d'Orange, le musée Rodin, le musée Jacquemart-André, le centre Georges-Pompidou à Paris accueillent des réceptions. Dans le cas d'un jardin, cela se négocie directement auprès de la mairie. Mais attention, il faut être prêt à mettre le prix (dans le cas des musées) et à se soustraire à un cahier des charges souvent très strict, notamment pour des contraintes d'horaires. En contrepartie, vous avez la garantie d'un lieu totalement original !

✔ **Une règle d'or :** évitez de signer le jour même, quitte à rappeler le lendemain matin à la première heure pour confirmer que vous réservez le lieu. C'est un investissement important, prenez le temps d'en discuter à deux après la visite. Enfin, fiez-vous à votre feeling avec les propriétaires. Un contact hésitant, des réponses évasives, voire désagréables ? Fuyez !

Recevoir chez soi, mode d'emploi

Quelques tables dans le jardin, des assiettes dépareillées descendues du grenier, deux ou trois guirlandes dans les arbres où, enfant, vous construisiez des cabanes et hop, le tour est joué ! Pas si vite. Organiser son mariage dans une propriété de famille n'est pas aussi simple et économique qu'il y paraît. À moins de prévoir une petite fête en toute intimité avec une vingtaine d'invités, cela nécessite un peu de logistique. Avant de fantasmer sur la déco canon que vous allez pouvoir déployer dans le jardin familial, pensez pratique. Même si son grenier est bien fourni, il y a peu de chances que votre grand-mère possède une dizaine de tables rondes, une centaine de chaises et autant d'assiettes. Nappes, vaisselle, chaises, tables, éclairages : il va falloir vous équiper. Comptez environ 10 euros de location par table et entre 1 et 3 euros pour une chaise. S'il n'y a pas assez de place dans le salon pour accueillir tout le monde, il faudra également louer une tente et éventuellement un parquet qui évitera à vos copines de passer la soirée les talons enfoncés dans la terre ! Un plancher coûte en moyenne 7 euros le mètre carré. Quant à la tente, en fonction de sa taille et de sa qualité, les tarifs varient entre 200 et 6 000 euros. Pour faire des économies, jetez un œil sur les sites de location (voir Carnet d'adresses p. 210). On y trouve des tentes à des tarifs défiant toute concurrence.

Ensuite, il vous faudra étudier la question du traiteur. Aura-t-il la place de travailler dans la cuisine familiale ou devra-t-il apporter ses fours et ses réfrigérateurs ? Cela pourrait alourdir la note. De même, le compteur supportera-t-il la surcharge électrique ? Prévoyez une extension de compteur ou louez un groupe électrogène. Détail non négligeable : les toilettes. Avec 150 invités, les W.C. de votre grand-mère seront hors d'usage au bout d'une demi-heure. Louez des toilettes de chantier ou, mieux, optez pour les toilettes sèches, écologiques et économiques. Enfin, passez un coup de fil à l'assureur de la maison pour vérifier ce qui est couvert en cas de sinistre.

Les Mariés sur le Divan

Faute de budget, tout ce que j'ai, c'est une salle des fêtes banale…

Avec un peu d'investissement et d'imagination, même la plus sobre des salles des fêtes peut devenir un lieu magique. Des lanternes chinoises accrochées en grappe au plafond feront disparaître les vilaines dalles. Ensuite, il suffira d'éteindre les néons, de multiplier les bougies et d'ajouter quelques lampes pour obtenir une ambiance cosy (voir chapitre « Créer », p. 88). Il ne vous restera plus qu'à miser sur le traiteur et à mettre le feu au dancefloor pour que les invités ne se souviennent même plus que c'était une salle des fêtes !

Je rêve d'une ferme dans l'Aubrac, il veut un château dans la Loire !

D'habitude, vous êtes d'accord sur tout : le choix du film, le nom du chat, la couleur du canapé. Mais là, rien à faire : vous avez découvert avec stupeur que votre cher et tendre fantasme sur un Chambord miniature, tandis que vous avez en tête un barbecue géant dans une ferme. Il va falloir négocier sec. Commencez par essayer de trouver un terrain d'entente : une ferme fortifiée, par exemple ? Sinon, faites des compromis : d'accord pour Chambord, mais avec un barbecue dans la cour. Et si vraiment rien ne marche… tirez à pile ou face !

FICHE PRATIQUE
Destination wedding : se marier à l'étranger

Se dire oui sur une plage au bout du monde, à des kilomètres du club de bridge que sa belle-mère tient tant à inviter, cela vient à l'esprit de tous les mariés. L'idée est simple : s'échapper pour se dire oui en toute intimité, entourés de quelques amis et de sa famille dans un cadre idyllique. Un créneau investi par de plus en plus de professionnels qui proposent des packs tout compris : hôtels, voyage et wedding planner.

POUR

★ Le coût du voyage risquant de rebuter un bon nombre d'invités, il n'y a pas mieux pour réduire une liste trop longue.

★ S'unir les pieds dans l'eau turquoise des Maldives ou sous la chaleur du désert californien, c'est s'assurer des souvenirs inoubliables.

★ Idéal pour se détacher des contingences matérielles, puisqu'étant dans l'incapacité de tout contrôler, vous déléguez à un responsable sur place et vous allez à l'essentiel.

CONTRE

★ Impossible de convier le ban et l'arrière-ban. Donc, si vous voulez vous marier en grande pompe, oubliez.

★ Âme créatrice et *control freak* s'abstenir. Si vous vous mariez loin, levez le pied sur le DIY : pas question d'embarquer avec 5 kilomètres de fanions, 2 kilos de pompons et 250 *escort cards* (marque-places) classées par ordre alphabétique.

★ Pensez à la lourdeur des formalités administratives pour faire valider votre mariage si vous vous mariez civilement sur place.

FICHE PRATIQUE
La check-list des questions à poser quand on visite un lieu

✔ Qu'est-ce qui est inclus dans le forfait et qu'est-ce qui ne l'est pas ?

✔ Quels sont les horaires ? Y a-t-il des restrictions au niveau du bruit ?

✔ Quelles sont les dimensions exactes de la salle et quelle est la capacité d'accueil du lieu ?

✔ Y a-t-il des travaux prévus et, si oui, quand doivent-ils être terminés (sachez qu'un chantier prend toujours du retard) ?

✔ Avez-vous l'exclusivité du lieu ? Sinon, quelles parties vous seront réservées ?

✔ À partir de quand pouvez-vous installer la décoration et quand devez-vous libérer l'endroit ?

✔ Impose-t-il des prestataires (traiteur, DJ...) ?

✔ Le mobilier est-il inclus ?

✔ Le lieu est-il chauffé ?

✔ Y a-t-il un office pour le traiteur ? Peut-il facilement y accéder avec son camion ?

✔ Quelles sont les possibilités de stationnement ?

✔ Le lieu dispose-t-il d'un vestiaire ? Y a-t-il un endroit pour que les mariés déposent leurs affaires ?

✔ Comment sont les toilettes et sont-elles nettoyées pendant la soirée ?

✔ Y a-t-il une pièce pour faire garder les enfants ?

✔ Si le lieu accueille parallèlement d'autres réceptions, comment seront orientés et filtrés vos invités ?

✔ Y aura-t-il un responsable de l'établissement sur place le jour J ?

✔ Comment pouvez-vous le décorer (possibilité de mettre des bougies, d'accrocher des décorations) ?

✔ Quelle est la capacité de l'installation électrique ?

✔ Quels types d'animations sont autorisés (feu d'artifice, lanternes) ?

✔ Pouvez-vous faire livrer des choses un peu avant (vin, champagne) ?

✔ Le lieu est-il sécurisé (entrée, parking, piscine, plan d'eau) ?

✔ Le lieu est-il assuré et conforme aux normes de sécurité ?

✔ Quelles sont les modalités de paiement ?

✔ Peut-on loger des invités sur place ? Y a-t-il des hôtels proches ?

MANGER ET BOIRE

RAVITAILLER LES TROUPES

Certes, vos proches sont venus célébrer votre union et ils sont là pour vous entourer de leur affection en cette journée particulière, mais du bon vin et un repas aux petits oignons ne feront que rendre cette fête plus mémorable.

1. Les différentes options : traiteur, restaurant, fait maison

Vous voulez bluffer vos invités, mais vous ne savez pas comment vous y prendre pour nourrir ce petit monde. Voici les solutions qui s'offrent à vous.

Le traiteur

C'est le choix que font la plupart des futurs mariés, car le traiteur a l'avantage de pouvoir intervenir n'importe où (ou presque) et d'être flexible concernant le menu. Si certains se contentent de dérouler leurs formules toutes faites, d'autres prennent en compte les goûts des mariés et s'adaptent. Stands de hot dogs, machines à barbe à papa, ateliers (sushis, foie gras…), ils font preuve de plus en plus d'imagination. Ils s'occupent parfois de la décoration des tables et des buffets et prennent en charge la location du matériel (nappes, serviettes, tables, chaises…), ce qui vous évitera de multiplier les prestataires.

★ **Les tarifs :** comptez entre 60 et 70 euros par personne pour un traiteur moyenne gamme, et jusqu'à plus de 200 euros pour un prestataire haut de gamme.

Le restaurant

Opter pour un restaurant, c'est avant tout se faciliter la vie. Le mobilier, la vaisselle, la salle, le personnel, tout est compris dans la formule. C'est la garantie d'un mariage sans stress. Autre avantage, vous avez tout de suite une idée très précise du prix global de la réception. Et, contrairement à ce que l'on pense, se marier dans un restaurant ne coûte pas nécessairement plus cher. Tout dépend de ce que vous souhaitez et du type d'établissement sélectionné. Mais, comme il s'agit d'un package, c'est souvent plus intéressant que de travailler avec de multiples prestataires. En revanche, cette solution est moins flexible, que ce soit pour le choix du menu (réalisé par le chef) ou pour la décoration (qui se limitera en général à quelques touches personnelles).

★ **Les tarifs :** du petit établissement de village au prestigieux restaurant étoilé, les prix font le grand écart. Un menu de 40 à 50 euros, boissons comprises, nous semble toutefois un minimum pour une prestation de qualité. Tout cela se négocie en amont avec le restaurateur. Pour éviter les mauvaises surprises, pensez à bien demander que le menu soit décrit dans les moindres détails dans le devis (noms et millésimes des vins, garniture des plats) avant de signer.

Le fait maison

Si vous avez envie d'un mariage participatif – c'est-à-dire d'impliquer vos proches dans les préparatifs –, l'option home-made est faite pour vous. Envisageable uniquement pour les petits mariages – moins de 100, voire 50 invités, au-delà, la logistique devient ingérable –, cette solution offre l'avantage d'une grande convivialité et d'être totalement personnalisée. Pour éviter que vos proches ne passent la moitié de la soirée à débarrasser ou à faire la plonge, pensez toutefois à embaucher quelques élèves de l'école hôtelière voisine pour la soirée.

★ **Au menu, optez pour des plats simples et conviviaux,** qui se mitonnent facilement en grande quantité : une paella, un couscous, un tajine. Dernier conseil : assurez-vous que vos proches sont motivés et volontaires !

★ **Les tarifs :** si le home-made peut sembler une option idéale pour faire des économies, ce n'est pas toujours le cas ! Tout dépend des produits que vous choisirez.

Avant de vous lancer dans les achats, estimez bien vos coûts en les divisant par le nombre de convives ; cela vous donnera un point de repère par rapport à un prestataire classique. Enfin, songez à ce qui vous manque et que vous allez devoir acheter ou louer (vaisselle, tables, chaises, matériel de cuisine).

2. Quelle organisation pour le cocktail et le dîner ?

La première question à vous poser au sujet du repas, c'est le type d'organisation que vous souhaitez. Un dîner placé, un buffet ou un pique-nique géant n'impliquent pas les mêmes contraintes et n'impriment pas non plus la même ambiance à la réception.

Vin d'honneur ou cocktail, puis dîner assis

Traditionnellement, le vin d'honneur permet de sacrifier aux obligations sociales en invitant des connaissances (collègues de travail, parentèle éloignée, amis des parents, le curé, le maire, voire tout le village !) à partager un verre… mais pas le dîner qui suit. Il est organisé à la suite de la cérémonie, dans un lieu proche. Si la tradition reste vivace en province, en particulier dans les petits villages, de plus en plus de mariés préfèrent le cocktail, où sont conviés les proches qui resteront également pour le dîner.
★ Si vous optez pour cette formule, de grâce, ayez pitié de vos invités : veillez au timing ! Rien de pire qu'un cocktail qui traîne en longueur, puis un dîner qui

s'éternise : vos convives arriveront sur la piste de danse alourdis par la nourriture et probablement un peu trop alcoolisés (ils ont bu entre les plats pour patienter…). Idéalement, un cocktail ne devrait pas durer plus de deux heures et le dîner devrait se terminer avant minuit. Si vous comptez enflammer le dancefloor jusqu'au bout de la nuit, évitez donc d'enchaîner amuse-bouches/entrée/plat/fromage/trou normand/dessert/mignardises et demandez à une personne de confiance ou au wedding planner de veiller à ce que le traiteur respecte le timing prévu. Une autre solution, de plus en plus adoptée, consiste à prévoir un cocktail plus copieux qui fasse également office d'entrée et à servir directement le plat une fois à table, en prévoyant un buffet de desserts. Cela permet de raccourcir la durée du dîner et de profiter du côté convivial du buffet, tout en gardant le confort d'un dîner assis. Dans ce cas, prévoyez un minimum de 12 à 18 pièces par personne au cocktail (voir « Que manger ? Que boire ? », p. 73-74). Côté service, comptez un serveur pour 20 personnes, 10 pour le très haut de gamme.

★ Le dîner, quant à lui, peut être placé ou non… Ce qui pose l'épineuse question du plan de table (voir « Faut-il absolument faire un plan de table ? », p. 72). Si vous décidez d'en préparer un, voici quelques conseils pratiques :

✔ *même si la tentation est grande, évitez les tables de célibataires.* Ce n'est déjà pas très agréable de venir seul à un mariage, n'enfoncez pas le clou en les singularisant ;

✔ *ne séparez pas les couples.* Certes, l'étiquette l'autorise s'ils sont mariés depuis plus d'un an, mais ce n'est vraiment pas sympa. Personne n'aime se priver du plaisir de commenter une réception avec son conjoint (l'une des grandes joies de la vie de couple) ;

✔ *ne placez pas les grands-parents à côté de la sono, ni vos témoins à côté des toilettes.* À l'inverse, vous pouvez tout à fait mettre la table des enfants dans une salle adjacente (sous la supervision d'une baby-sitter), les parents seront ravis de profiter d'un dîner sans être interrompus toutes les cinq minutes ;

Quelles quantités prévoir pour le cocktail ?

Tout dépend de la durée du cocktail et du dîner à suivre. S'il s'agit simplement d'un cocktail apéritif, comptez 8 à 12 petits-fours par personne pour une durée d'une heure et 12 à 15 pièces pour deux heures. Si le cocktail fait office d'entrée, misez plutôt sur deux heures et entre 15 et 21 pièces par personne. Surtout, adaptez la durée de votre cocktail à la quantité de nourriture : rien de pire qu'un buffet dévalisé et des invités qui se battent pour le dernier petit-four !

✔ **ce n'est pas forcément une bonne idée que de vouloir à toute force dispatcher vos invités.** D'abord parce que votre bande d'amis d'enfance sera contente de se retrouver le temps d'une soirée, ensuite parce que ce genre de mélange est toujours délicat à faire « prendre ». Ne vous inquiétez pas, cela ne les empêchera pas de se trémousser tous en cœur sur les Black Eyed Peas !

Un buffet

Plus convivial et informel, le buffet permet aux invités de se mélanger et offre une plus grande flexibilité au niveau de la variété des plats. Cela peut être une solution si vous avez un certain nombre de convives qui suivent un régime spécial (pour des raisons de santé ou de religion), mais que vous ne souhaitez pas l'imposer à tout le monde. Dans ce cas, cocktail et dîner s'enchaînent naturellement, les plats succédant aux petits-fours.

★ Côté organisation, deux options s'offrent à vous. Le buffet debout a l'avantage d'être très vivant et de faciliter la conversation entre les invités qui ne se connaissent pas. En revanche, il ne peut pas s'éterniser, car c'est vite fatigant. Il s'agit donc d'une option idéale si vous souhaitez enchaîner rapidement sur la soirée. Côté confort, voyez avec votre traiteur ou avec un loueur de mobilier s'il peut vous fournir des mange-debout ; c'est le minimum pour que vos convives puissent profiter du dîner sans risquer de périlleuses acrobaties entre leur verre de vin, leur assiette et la robe en soie de la voisine. Prévoyez également quelques tables classiques avec des chaises pour les personnes âgées et les femmes enceintes.

★ Autre option, le buffet assis est un bon compromis entre le confort et la convivialité. Dans ce cas, les invités sont assis à table (placés ou non) et se rendent directement au buffet. Les serveurs sont là pour débarrasser les assiettes au fur et à mesure et alimenter les tables en boissons.

✔ **Attention,** pour éviter les bouchons et l'effet self-service, il est in-dis-pen-sa-ble de prévoir un nombre suffisant de buffets et de serveurs (au moins un pour 30 convives).

Et si on a envie de faire autrement…

Vous n'avez pas envie d'un mariage conventionnel et la simple mention du mot « cocktail » vous hérisse le poil ? Rien ne vous empêche d'être inventifs ! Un pique-nique dans un pré ou un barbecue sur la plage, les pieds dans le sable, tout est permis ! Dans ce cas, mieux vaut s'adresser à un prestataire spécialisé (rôtisseur, charcutier-traiteur, voire commerçant du coin qui pourrait tout préparer à l'avance), qui s'adaptera plus facilement qu'un traiteur traditionnel et vous coûtera probablement moins cher. Pour que l'effet soit vraiment réussi, investissez-vous dans la déco et soignez les détails : vaisselle et couverts chinés dans les brocantes, belles nappes anciennes… Vous pouvez aussi jouer à fond la carte thématique, comme la guinguette par exemple, en distribuant canotiers et ombrelles à vos invités.

Faut-il absolument faire un plan de table ?

La réponse est NON ! Rien ne vous empêche de laisser vos invités s'asseoir librement, cela vous simplifiera la vie. Toutefois, s'il s'agit d'une grande réception, vous pouvez prévoir des « zones » regroupant les invités par affinités : famille, amis d'enfance, amis communs… Vous pouvez signaler chaque zone par un code-couleur placé sur les tables, par exemple, et afficher à l'entrée les noms des invités avec la couleur correspondante. Cela permet d'éviter la cohue, tout en laissant chacun libre de choisir son voisin.

3. Que manger ?

Une fois que vous aurez déterminé quel type d'organisation vous convient le mieux, passez à la partie la plus réjouissante : qu'allez-vous manger ? Évidemment, dans la plupart des cas, vos choix se limiteront aux options proposées par le traiteur. Néanmoins, voici quelques grands principes qui pourront vous permettre d'orienter vos décisions.

Choisissez un menu consensuel

Vous adorez les tripes et rêvez d'un mariage dans la région caennaise juste pour pouvoir faire venir le meilleur tripier de France ? Autant le dire tout de suite : ce n'est pas l'idée du siècle. Certes, vous n'arriverez pas à contenter tout le monde, mais il y a des options plus fédératrices que d'autres. Évitez les saveurs trop fortes, les plats trop épicés, les mets trop insolites…

Évitez les plats difficiles à réchauffer

Le jour J, à moins que vous ayez très peu d'invités, le plat servi à table sera probablement préparé à l'avance et réchauffé à la dernière minute. Les plats en sauce, les gratins et autres crumbles salés ont l'avantage de très bien se réchauffer et de ne pas se dessécher.

Privilégiez la qualité à l'esbroufe

L'un des défauts que l'on rencontre souvent chez les traiteurs, c'est de vouloir en mettre plein les yeux aux futurs mariés avec des propositions alambiquées qui se révèlent souvent décevantes. Si vous avez un budget limité, choisissez des produits plus « modestes », mais de très bonne qualité : mieux vaut une délicieuse terrine de campagne qu'un mauvais foie gras, une tarte maison qu'un opéra chichiteux…

Tenez compte des régimes de chacun

Pensez à envoyer un e-mail général à tous vos invités (en mettant les adresses en copie cachée pour éviter d'encombrer les boîtes de vos amis avec les 124 réponses) pour leur demander s'ils suivent un régime alimentaire particulier (végétarien, casher, halal, allergies…). La plupart des traiteurs sont tout à fait capables de s'adapter et de servir des plats différents à un petit nombre de convives. À l'inverse, vous êtes végétariens et vous vous demandez si vous pouvez proposer un menu sans viande, malgré les protestations énergiques de Tonton Gérard ? C'est votre mariage, allez-y ! Ce sera l'occasion de prouver que oui, cela peut être délicieux.

4. Que boire ?

Le choix des boissons

Traditionnellement, on propose du champagne et des softs pendant le cocktail, puis du vin à table et, enfin, du champagne avec la pièce montée. Là encore, rien ne vous empêche de faire gaiement valser les traditions ! Voici une liste non exhaustive des boissons que vous pouvez servir.

➜ PENDANT LE COCKTAIL

Champagne, bien sûr, vin blanc et/ou vin rouge sont les choix classiques, mais vous pouvez aussi proposer un ou plusieurs cocktails. Évitez les alcools forts, qui montent trop vite à la tête, surtout sur un estomac vide. Le nec plus ultra ? Un cocktail « signature », conçu spécialement à l'occasion de votre mariage. N'oubliez pas de le baptiser et d'envoyer la recette à vos invités !

Côté softs, en dehors des traditionnels jus de fruits et sodas, voici quelques idées : limonade artisanale, citronnade et orangeade à l'ancienne, thé glacé maison, sodas dans des bouteilles en verre servis avec une jolie paille… Pourquoi ne pas proposer un « bar à sirops », qui ravira autant les adultes que les enfants en cas de canicule ? (voir fiche pratique « Les "bars à" », mode d'emploi », p. 85).

➜ AU DÎNER

On sert généralement du vin avec le repas, choisi en accord avec le menu. Mieux vaut éviter les vins trop tanniques et puissants qui risquent de laisser des traces le lendemain. Optez plutôt pour un vin agréable et facile. Si vous êtes dans une région viticole, pourquoi ne pas choisir un vin local ? Une bonne action pour l'environnement… et pour votre porte-monnaie, car vous négocierez de meilleurs tarifs directement auprès des producteurs. Si vos moyens le permettent, le degré ultime de raffinement consiste à proposer un vin différent avec l'entrée, le plat et le dessert. Ce dernier est souvent servi accompagné de champagne, mais ce n'est pas une obligation. Mieux vaut dans ce cas choisir un dessert qui s'harmonise bien avec les bulles. Attention, si vous tenez à sélectionner vous-même le vin, assurez-vous auprès du traiteur qu'il ne prend pas de droit de bouchon – une commission sur chaque bouteille ouverte – ce qui peut vite alourdir la note.

Si vous êtes en Normandie ou en Bretagne, pensez également au cidre. Un bon cidre fermier peut être délicieux et plaire à ceux qui n'aiment pas le vin ! Enfin, proposez également de l'eau plate et gazeuse à table.

➜ LES QUANTITÉS

Pour le cocktail, comptez :
- ★ *une bouteille de champagne pour 3 ou 4 personnes ;*
- ★ *une bouteille de vin rouge ou blanc pour 3 ou 4 personnes ;*
- ★ *une bouteille d'alcool fort pour 12 personnes (si vous y tenez) ;*
- ★ *l'équivalent de deux verres de 20 cl de cocktail par personne, soit 20 litres pour 50 personnes par exemple ;*
- ★ *un litre de soft par personne.*

Pour le dîner :
- ★ *une bouteille de vin rouge pour 3 personnes ;*
- ★ *une bouteille de vin blanc pour 4 ou 5 personnes ;*
- ★ *une bouteille de cidre pour 4 ou 5 personnes ;*
- ★ *un litre d'eau par personne.*

Bien entendu, il ne s'agit là que de quantités indicatives à adapter en fonction de la météo (on boit plus par 35 °C qu'en hiver) et de vos invités (qui ont le lever de coude plus ou moins leste). Pour estimer votre consommation au plus juste, vous pouvez vous lancer dans des équations compliquées… ou utiliser ce petit calculateur en ligne

très bien fait : www.bsoft-team.com/calculatorb. Arrondissez toujours à la hausse, mieux vaut avoir quelques bouteilles en plus qu'en manquer.

✔ *Enfin, deux règles d'or :* 1) N'achetez rien sans avoir goûté. 2) Mieux vaut un bon crémant qu'un mauvais champagne et un bon côtes-du-rhône qu'un mauvais bordeaux.

Où acheter les boissons ?

Si vous passez par un traiteur, la question ne se pose pas. Un peu plus coûteuse – il prend forcément une marge –, cette solution offre l'avantage de la facilité. Sinon, plusieurs possibilités s'offrent à vous :

➜ POUR LE VIN ET LE CHAMPAGNE

Première option, vous avez dans votre entourage un père ou une sœur passionnés d'œnologie, qui se feront une joie de parcourir les petites propriétés pour trouver l'accord mets-vin parfait. Deuxième solution, faites appel à un prestataire spécialisé (Carnet d'adresses, p. 210), qui vous fera une proposition en fonction de votre menu et de votre budget. Le plus : il vous fera bénéficier de tarifs négociés directement avec les producteurs et d'un choix souvent de meilleure qualité qu'un traiteur. Sinon, les foires aux vins et les promotions des hypermarchés sont souvent l'occasion de réaliser d'excellentes affaires. Faites un repérage soigneux en amont, organisez une dégustation le premier jour et, si vous avez un coup de cœur, retournez l'acheter dès le lendemain : les quantités sont limitées et les bons crus partent (très) vite. Autre option, achetez le vin ou le champagne directement auprès du producteur. N'hésitez pas à demander aux amateurs s'ils ont de bonnes adresses à vous recommander. Enfin, les sites de vente en ligne ou clubs proposent souvent des formes d'adhésion qui peuvent être avantageuses, comme Lavinia (www.lavinia.fr), qui offre à ses membres des réductions et la livraison gratuite.

➔ POUR LES BOISSONS NON ALCOOLISÉES

Renseignez-vous auprès de l'hypermarché du coin : nombreux sont ceux qui proposent un service pour les réceptions, avec livraison des boissons et reprise des bouteilles non consommées. Pratique et économique !

5. Recruter son prestataire

Trouver un restaurateur ou un traiteur, ce n'est pas compliqué. En débusquer un qui répond à vos goûts et à votre budget, cela peut relever du parcours du combattant. Commencez par faire fonctionner votre mémoire : vous avez sûrement déjà assisté à des mariages, des anniversaires ou des bar-mitsva dont le buffet vous a marqués. C'est le moment de rappeler votre tante ou vos amis pour leur redire à quel point leur fête était réussie... et pour leur soutirer l'adresse ! Ensuite, sollicitez votre famille, vos amis, vos collègues... bref, n'importe quelle personne susceptible d'avoir assisté à un mariage au cours des dernières années. N'hésitez pas également à mener l'enquête auprès des commerçants du coin (boucher, charcutier, boulanger...).

★ Si le propriétaire de votre lieu de réception impose une liste de traiteurs, le choix est plus restreint. Sinon, il a sûrement des suggestions et un avis sur ceux de la région. Si d'autres mariés ont fait appel à ces prestataires, peut-être pourrait-il vous mettre en relation pour que vous puissiez avoir leur avis ?

★ Enfin, la dernière piste, bien sûr, c'est le Web. Entre les Pages Jaunes, les offices de tourisme, les forums et le site www.traiteurs-de-france.com, vous devriez avoir le choix.

Comment le choisir ?

Entre le traiteur surbooké qui a déjà cinq mariages ce week-end-là, celui qui met trois semaines à vous répondre ou le prétentieux qui s'offusque à la moindre question parce-qu'il-connaît-son-métier, un premier contact suffit parfois à éliminer les candidats. Fiez-vous à votre instinct. Est-il à l'écoute ? Est-il pressé ? Rechigne-t-il à vous répondre ? Si vous avez le moindre doute, continuez vos recherches. Il n'y a rien de pire que de stresser la veille du jour J, parce que vous vous demandez si les invités auront bien dans leur assiette ce que vous avez commandé.

★ L'étape suivante, indispensable, c'est celle de la dégustation. Bon à savoir : la plupart des traiteurs la font payer, et souvent assez cher (entre 45 et 60 euros). Certes, elle est généralement déduite de la facture finale (sinon, cela se négocie), mais si vous testez plusieurs prestataires, l'addition est tout de même salée. Néanmoins, nous vous conseillons de résister à la tentation de faire cette économie : la nourriture est un élément clé de votre réception et souvent le plus gros poste de dépense, cela vaut le coup d'investir.

★ Ensuite, cela coule de source, mais sa cuisine doit vous séduire, faire frétiller vos papilles, flatter votre palais. Le bon prestataire doit vous proposer des plats qui vous plaisent. Si vous êtes fan de produits du terroir et qu'il insiste pour vous concocter un menu exotique, fuyez !

★ Enfin, il doit être entouré par des équipes professionnelles (serveurs, maître d'hôtel). La qualité du service est primordiale lors d'un mariage ! Considérez que c'est 50 % de l'impression que cela produira sur vos invités, sans parler de votre tranquillité d'esprit. Attention, beaucoup de traiteurs font appel à des extras ou à des étudiants en école hôtelière, dont le professionnalisme n'est pas toujours avéré. Une bonne garantie, c'est la présence d'un maître d'hôtel : pièce maîtresse du service, c'est lui qui gère le flux des boissons, le timing, les relations entre la salle et la cuisine.

Demander, décrypter et comparer les devis

Lorsque vous rencontrez les restaurateurs ou les traiteurs que vous avez minutieusement sélectionnés, ne craignez pas de les bombarder de questions (voir fiche pratique, p. 85), et n'oubliez pas de prendre des notes ! Non seulement vous aurez un maximum d'informations pour faire votre choix par la suite, mais surtout, un prestataire sera moins tenté de charger la note de quelqu'un qui s'y connaît. Sachez toutefois que les tarifs varient énormément en fonction de la région et de la réputation de l'établissement.

➜ LES INFORMATIONS À COMMUNIQUER AU TRAITEUR
✔ *Date du mariage*
✔ *Adresse du lieu de réception*
✔ *Nombre d'invités* (en précisant séparément cocktail et dîner pour les adultes, ainsi que le nombre d'enfants et de prestataires à nourrir).
✔ *Type de réception :* buffet, dîner assis, cocktail dînatoire…
✔ *Précisez si vous souhaitez qu'il vous fasse une proposition séparée pour les boissons et pour le matériel (tables et chaises).*

➜ LES INFORMATIONS QUI DOIVENT FIGURER SUR LE DEVIS
Le devis doit être composé de trois postes : l'alimentaire et les boissons, le personnel, et le matériel. Il doit indiquer la somme forfaitaire pour l'ensemble des services, ainsi que les prix détaillés.

✔ *L'alimentaire et les boissons*

★ La description complète du menu, de l'apéritif (chaque petit-four doit être précisé) aux mignardises accompagnant le café, ainsi que les prix HT et TTC par invité du menu et du cocktail.

★ Les boissons qui seront servies (avec la mention du cru et du millésime pour le vin et le champagne). Toutes les quantités doivent être indiquées, ainsi que les modalités de facturation (si c'est à la bouteille ou au forfait). Si c'est au forfait, demandez qu'on vous précise exactement ce qu'il comprend et quel est le prix de la bouteille supplémentaire.

★ Le droit de bouchon : si vous apportez vos propres boissons alcoolisées, certains traiteurs et la plupart des restaurateurs vous factureront un prix par bouteille pour le service (entre 3 et 7 euros).

✔ *Le personnel*

★ Le nombre de serveurs et de commis, avec les horaires.

★ Le coût des heures supplémentaires (quasi inévitables).

✔ *Le matériel*

★ Le nombre de tables, de chaises et de nappes.

★ La vaisselle.

✔ *Les options*

★ La décoration.

★ Les animations.

★ Les structures (tente, parquet).

➔ **CE QUE VOUS DEVEZ LIRE AVEC ATTENTION**

✔ *Les modalités de paiement*

Souvent les arrhes ou l'acompte correspondent à 30 % du montant total. Quant au solde, il est à régler le soir du mariage ou à réception de la facture.

✔ *Les clauses d'annulation et de remboursement*
✔ *La clause qui permet d'ajuster le nombre d'invités à la dernière minute*

Bon à savoir...

★ *N'hésitez pas à faire jouer la concurrence :* « M. Dubouchon, lui, m'offre la pièce montée. »

★ *Négociez la gratuité du droit de bouchon,* ou au moins un rabais. C'est assez facile, et l'économie peut être conséquente.

★ *Si vous n'êtes pas sûrs du nombre d'invités, donnez une estimation basse* (10 à 20 % de moins). Les arrhes sont calculées sur le devis. C'est toujours cela de moins à verser en avance.

★ *Conservez tous les papiers, devis, factures.* Ainsi, vous pourrez renvoyer votre prestataire dans les cordes s'il menace de vous facturer l'atelier sushi que vous n'avez jamais demandé.

★ *Pour comparer les offres, entrez les éléments des différents devis* dans un tableau Excel. Vous verrez vite celui qui vous fait la meilleure proposition.

6. Que prévoir le lendemain ?

Et si vous prolongiez la fête ? Un brunch le lendemain du mariage, c'est l'occasion de profiter un peu plus de ses invités, de papoter sans la pression du jour J et de se rassembler une fois encore avant de revenir à la réalité. Inutile de mettre les petits plats dans les grands. Il est peu probable que vos convives aient envie de remettre le couvert pour un menu gastronomique. En revanche, ils ne seront pas contre grignoter avant de prendre le chemin du retour !

★ ***L'option zéro prise de tête,*** c'est de demander à votre traiteur s'il peut également prendre en charge le brunch. Mais, si ce surcoût signifie renoncer à votre photographe, demandez à vos proches s'ils peuvent participer. Quelques cakes salés et sucrés, des salades, de la charcuterie, des gaufres, du café, des jus de fruits, des boissons, et le tour est joué. Avec un peu d'organisation, ce n'est pas compliqué. Et si vous connaissez quelqu'un qui possède une carte Metro ou Promocash, c'est encore mieux, l'addition n'en sera que plus légère. Sans compter que ces grossistes proposent des plats traiteur qui feront parfaitement l'affaire.

★ ***Autre option :*** jouez la carte de l'originalité avec une baraque à frites, un crêpier, un camion à pizza ou à hot dog. Une dernière surprise pour la route, histoire de bluffer définitivement vos convives !

MANGER ET BOIRE

Les Mariés sur le Divan

J'ai un tout petit budget, mais je ne veux pas que ça se voie dans l'assiette.

Pas d'inquiétude, même un mini-budget peut produire un maximum d'effet. Plutôt que le traiteur traditionnel, explorez les autres options que nous avons listées, comme le home-made ou le charcutier-traiteur, cela peut revenir (beaucoup) moins cher. Privilégiez des produits simples et goûteux, et fuyez le chichiteux qui ne rassasie pas. Enfin, misez tout sur l'ambiance. C'est cela que les invités retiendront !

Est-ce que je peux servir des hot dogs à mon mariage ?

Votre père a failli faire une apoplexie lorsque vous avez lancé l'idée, mais rien à faire : vous avez rencontré l'amour de votre vie à New York, vos premiers baisers avaient le goût de la moutarde américaine, bref, vous voulez des hot dogs pour votre jour J. Foncez… à condition de le faire avec style : jolies machines rétro à l'américaine, sauces recherchées, serviettes assorties au tablier rayé des serveurs… Vous verrez que Daddy chéri sera le premier à se resservir !

FICHE PRATIQUE
La check-list des questions à poser au traiteur

✔ Combien de mariages a-t-il déjà organisés ?

✔ Connaît-il le lieu de votre réception ? Si non, prévoit-il un repérage ?

✔ Organise-t-il des dégustations ? Sont-elles déduites du montant de la commande finale ? Demandez-lui de détailler la prestation : décoration, service, vaisselle, nappes, serviettes...

✔ Dans un rayon de combien de kilomètres peut-il se déplacer ? Combien facture-t-il le déplacement ?

✔ Propose-t-il un forfait boissons et, si oui, combien cela coûte-t-il de le dépasser ? Impose-t-il un droit de bouchon et, si oui, à combien s'élève-t-il ?

✔ À partir de quelle heure facture-t-il des heures supplémentaires et à quel tarif ?

✔ Quelles sont ses conditions de paiement ? (acompte, solde...)

✔ Si le lieu n'est pas équipé en mobilier, peut-il vous faire une proposition pour les tables et les chaises ? Les livre-t-il et les laisse-t-il jusqu'à la fin de la soirée ?

✔ Est-ce que ce que vous dégustez est bien ce qui vous sera servi le jour J ?

✔ Possède-t-il tout le matériel culinaire ou le loue-t-il ? Dans ce cas, la location est-elle bien incluse dans son devis ?

✔ Est-ce qu'il travaille avec une équipe permanente ou des intérimaires ?

✔ De quoi a-t-il besoin sur place : prises, chambre froide... ?

✔ Qui sera votre référent le jour J ? C'est souvent le maître d'hôtel, demandez à le rencontrer avant.

✔ Quand devrez-vous donner la liste définitive des invités ?

✔ Pourra-t-il s'adapter s'il y a des convives en plus à la dernière minute ?

✔ Est-ce qu'il fait du sur-mesure ? Si les menus sont tout faits, dans quelle mesure peut-il s'adapter à vos desiderata et aux demandes spéciales des invités (allergies, menu végétarien) ?

Bon à savoir : Le numéro Siren doit apparaître sur le devis. N'hésitez pas à aller vérifier sur le site www.infogreffe.fr qu'il n'est pas sur le point de déposer le bilan. On a déjà vu des mariés se retrouver sans traiteur à la veille de leurs noces...

FICHE PRATIQUE
Créer son plan de table sans s'arracher les cheveux

Il requiert des talents de diplomate aguerri, des heures de concertations, et varie souvent à la dernière minute : le plan de table peut vite virer au cauchemar ! Voici un DIY tout simple pour vous éviter de vous retrouver avec un papier raturé et illisible au bout de trois changements.

Comment procéder ?

1. Commencez par tracer l'arrangement de vos tables sur une feuille. Aidez-vous d'un bol si vous avez des tables rondes ou d'une boîte de céréales si elles sont rectangulaires. Notez le nom de chaque table ou numérotez-les.

2. Ensuite, inscrivez le nom de chaque invité sur un Post-it et commencez à les positionner par table. Vous pouvez utiliser les couleurs pour les classer par catégorie (ma famille/sa famille/nos amis…).

3. Le génie des Post-it, c'est qu'ils sont repositionnables ! Vous pourrez donc modifier votre plan de table à l'infini sans devoir tout recommencer. Et croyez-nous, cela va se révéler très utile !

FICHE PRATIQUE
Les "bars à", mode d'emploi

Bar à bonbons, à thé, à pop-corn, à boissons, à cookies, buffet de douceurs : très en vogue actuellement, ces animations régressives rencontrent un franc succès auprès des invités, enfants comme adultes. Notre mode d'emploi !

★ **Agencez**
Trois plats perdus sur une table, c'est un peu triste. Pariez sur l'abondance pour un effet gourmand maximal (minimum 200 g de bonbons par personnes). Attention à la taille de la table : mieux vaut que les bocaux soient un peu trop serrés que trop espacés. Un buffet supporte mal le vide. La règle la plus importante, c'est de varier les hauteurs. Alternez des contenants et des plats de différentes tailles et ajoutez des socles (rondins, plateaux...). Vous pouvez aussi utiliser de simples boîtes, que vous dissimulerez sous la nappe. Soyez inventifs !

★ **Harmonisez**
Si ce n'est un thème, définissez au moins un univers et des couleurs : monochrome, bicolore, joli méli-mélo de teintes gourmandes... Veillez à une certaine cohérence entre la décoration du buffet (plats, bocaux) et son contenu. Adaptez-le au style de votre mariage : tartes maison pour un esprit champêtre, boissons colorées pour un effet graphique...

★ **Sublimez**
Sélectionnez avec soin bocaux et plats de présentation, ils jouent un rôle essentiel dans l'esthétique générale du buffet. Ce sont eux qui mettent en valeur ce que vous présentez. Ne négligez pas non plus l'arrière-plan. On y pense rarement, mais c'est important : habillez-le avec un rideau de rubans, des pompons, des rosaces...

★ **Accessoirisez**
Petits bouquets de fleurs, distributeurs de bonbons, machine à barbe à papa : tous ces éléments animeront le buffet. Pour donner un cachet supplémentaire, pensez à disposer de jolies étiquettes avec le nom des douceurs, accrochées sur les bocaux ou piquées dans les desserts. Enfin, de beaux couteaux et d'élégantes pelles à tarte seront aussi décoratifs qu'utiles pour que vos invités puissent se servir.

CRÉER

CONCRÉTISEZ VOS INSPIRATIONS

Vous avez passé des mois à accumuler des idées, à compulser frénétiquement blogs, magazines et photos, vous avez lu religieusement (au moins) le chapitre « Inspirer », les carnets d'inspiration s'empilent sur votre bureau. Il est temps de passer à l'action.

1. Quelques grands principes

Si l'aide d'un professionnel vous permettra de gagner en temps et en efficacité, il est tout à fait possible de réussir la décoration de votre mariage sans faire appel à un wedding planner, à condition de ne pas négliger quelques règles de base.

Jouez sur l'éclairage

L'éclairage est une composante essentielle de votre déco. Inutile d'être un génie pour constater qu'une lumière blafarde ruine la plus jolie mise en scène ou, au contraire, que les bougies donnent un charme particulier à la table. Il joue également un rôle décisif pour les photos, en donnant les meilleures chances à votre photographe de vous mettre en valeur. Dans un monde idéal, toutes les salles de mariage seraient équipées de lumières gérées par un chef opérateur chargé de vérifier qu'elles nous subliment à chaque instant. Dans la réalité, il faut ruser.

★ Privilégiez une multitude de sources de lumière douce plutôt qu'une seule lampe éclairant violemment.

> ### SOS : notre salle est éclairée par des néons ultra-moches !
>
> Commencez par mesurer l'étendue des dégâts. Si la salle possède des prises et si vous pouvez éteindre les néons indépendamment, branchez des luminaires dans les endroits stratégiques (pensez Ikea et ses modèles en papier japonais à petit prix !). Complétez avec des bougies. S'ils sont la seule source d'éclairage, il ne vous reste plus qu'à louer des spots à vos couleurs ou à les habiller avec des fourreaux (vous en trouverez chez les spécialistes de l'éclairage).

★ Pour créer une lumière intimiste, rien de mieux que les bougies. Placez-en plusieurs, de tailles différentes, au centre de la table. Simple, pas cher et toujours efficace : parfait pour un mariage d'hiver comme d'été.

★ Votre salle interdit l'utilisation de bougies ? Ruez-vous sur les guirlandes électriques. Placées en chemin de table, elles produiront un éclairage chaleureux tout en insufflant de la magie à votre déco. Autre option : les petites LED, imitant les bougies chauffe-plat, font parfaitement illusion dans des photophores.

★ Pour moduler l'éclairage trop agressif des spots, pensez aux gélatines de couleur à poser par-dessus. Le DJ pourra sûrement s'en charger. À défaut, vous en trouverez sur les sites spécialisés dans le matériel de sonorisation et d'éclairage.

★ Pensez à votre photographe : évitez de placer une source lumineuse juste derrière vous pendant le dîner ou la cérémonie. Cela créerait un contre-jour peu flatteur. Multipliez plutôt les guirlandes lumineuses sur votre table.

★ Une lumière forte placée à la verticale des invités (comme des spots halogènes au plafond) a tendance à faire ressortir les défauts. Pour atténuer leur lumière, un tissu translucide, comme un voile de mousseline ou de l'intissé, jouera le rôle de diffuseur. Attention à ne pas le poser directement sur la lampe, sinon gare aux risques d'incendie ! Accrochez-le plutôt au plafond, pas trop près de l'ampoule.

Créez une dynamique visuelle

L'ingrédient principal d'une décoration réussie, ce n'est pas tant l'esthétique de chacun des éléments pris séparément que l'impression visuelle qu'ils vont générer ensemble.

Pensez à ces maisons sublimes qui figurent dans les magazines de déco et dont le propriétaire (généralement agaçant de coolitude) affirme avoir simplement chiné des éléments de bric et de broc. En regardant de plus près, ce meuble en bois n'a rien d'extraordinaire, Tante Adèle a le même dans son grenier. C'est associé à d'autres éléments qu'il va créer une atmosphère, une composition visuellement attractive. Le tout, c'est de savoir les agencer. Voici quelques astuces qui fonctionnent à tous les coups.

★ *Associez « brut » et « précieux »* pour créer un contraste qui valorise l'un et l'autre. Par exemple, de simples bocaux Le Parfait se glamourisent au contact d'un ruban de dentelle ; des chandeliers dans une grange lui donnent instantanément un côté Marie-Antoinette…

★ *Travaillez le « dedans-dehors »,* parfait pour créer facilement un impact visuel fort en déjouant les codes traditionnels. Dehors : sortez les canapés dans le jardin, créez un coin cosy sous un arbre avec des tapis et des poufs, accrochez un rideau sous le pin parasol ou chinez un paravent qui servira de fond pour votre photobooth. Dedans : revenez en enfance et installez une cabane dans un coin avec un joli drap fleuri et des ficelles. Ou imaginez un jardin d'hiver avec des plantes en pot (votre concierge ne vous en voudra pas d'emprunter son ficus pour le week-end, si ?).

★ *Misez sur l'accumulation de petits éléments,* jouez-en comme d'un motif. Un même objet, répété plusieurs fois, permet de créer une véritable atmosphère. Comme toujours lorsqu'on prépare un mariage, il faut penser en grand : plutôt que de flasher sur des photophores en verre mercurisé à 15 euros pièce, ruez-vous sur les

jolies lanternes en papier à 1 euro, écumez les bazars et sautez sur les promotions de votre hypermarché. Pas besoin de dépenser beaucoup, les idées les plus simples sont parfois les meilleures. Trois lanternes en papier perdues au milieu d'un plafond de 100 m², ça fait cheap ; 100 lanternes illuminant vos tables, ça fait waouh !

★ *Pensez à varier les volumes,* en alternant les hauteurs et les tailles de vos éléments de décoration. Par exemple, mixez photophores bas, vases de hauteur moyenne et chandeliers pour vos centres de table. Pour le buffet, demandez à votre traiteur de présenter certains des éléments à plat et d'autres en hauteur. Adaptez les volumes en fonction du lieu : une salle immense appelle des éléments de décoration surdimensionnés, tandis que vous éviterez de surcharger une petite salle, en privilégiant des accessoires délicats.

Organisez l'espace

Imaginer une décoration de mariage est loin d'être simple, surtout lorsque le lieu est vaste. La gestion de l'espace est pourtant cruciale. C'est elle qui va conditionner la manière dont vos invités vont circuler, se rassembler et s'amuser : une piste de danse immense paraîtra toujours vide et n'incitera pas vos amis à se lancer dans la chorégraphie de Staying Alive…

Voici comment occuper au mieux ces différents espaces.

★ *Ménagez des recoins plus intimes,* où vos convives auront plaisir à discuter : des petites tables de jardin avec quelques chaises, un canapé et des poufs.

★ *Pensez ces espaces comme autant de « scènes »,* avec lesquelles vous allez pouvoir jouer pour créer des ambiances différentes. Qui a dit que la décoration de votre cocktail et celle de votre dîner devaient être identiques ? Restez néanmoins sur des univers connexes et n'hésitez pas à créer une signalétique pour orienter les invités d'un endroit à l'autre.

★ *Si votre salle est très (trop) grande,* usez du mobilier pour structurer l'espace : délimitez une piste de danse pas trop vaste et disséminez les tables dans la partie dédiée au repas de manière aléatoire pour remplir visuellement le lieu. Bon à savoir : les tables rondes produisent un effet plus dense que les tables rectangulaires ou tables banquet. Meublez en installant un coin photo, une table avec votre livre d'or et les cadeaux d'invités, etc. Demandez au traiteur d'installer plusieurs petits buffets plutôt qu'un seul grand. Et enfin, jouez avec la lumière pour créer une impression « cosy » (voir « Jouez sur l'éclairage », p. 88).

★ *À l'inverse, si le lieu de réception est un poil étriqué,* jouez sur la symétrie et la perspective pour agrandir l'espace. Des tables rectangulaires, disposées en épi, donneront une illusion de profondeur. Évitez de surcharger la déco et foncez sur les miroirs : ils donneront à la fois lumière et cachet.

★ *Ne négligez pas les espaces moins nobles.* Autrement dit, soignez aussi la décoration des toilettes et des vestiaires. Une bougie parfumée, un joli savon… Et pourquoi ne pas installer une véritable « beauty room » ? Des lingettes déodorantes, des pansements anti-ampoules, de la crème pour les mains dans un petit panier, un bouquet de fleurs, une guirlande lumineuse autour du miroir… Pour ces messieurs, un déodorant et un spray mentholé.

2. Fleurs et détails : personnalisez la décoration

Une fois que vous avez la scénographie globale en tête, vous allez pouvoir peaufiner les détails. Au-delà de la vision d'ensemble, ce sont ces petits éléments de décoration que vont remarquer vos convives. Soigneusement choisis, ils apporteront la touche personnalisée à votre mariage. Cela vaut le coup de les soigner !

Fleurir votre mariage

Colorées, gaies, élégantes : si elles n'ont rien d'obligatoire, il faut avouer que les fleurs fraîches apportent beaucoup en termes de décoration et ne se limitent pas aux classiques centres de table. Pour un effet d'ensemble harmonieux, pensez à fleurir les différents espaces.

➜ LA CÉRÉMONIE

Que ce soit dans un lieu de culte ou en extérieur, quelques bouquets habilleront élégamment l'allée. Vous pouvez les accrocher au bout des bancs à l'aide de rubans ou tout simplement les disposer à même le sol dans de jolis vases. Dans un lieu de culte, vous pouvez également prévoir une ou plusieurs compositions sans toutefois surcharger l'ensemble : ce serait dommage que vous disparaissiez au milieu des feuillages ! Placées à la porte de l'église avant votre sortie, elles constitueront un beau fond pour les photos.
Si vous êtes un peu juste en termes de budget, optez pour des fleurs simples à décliner en gros bouquets, comme les gypsophiles, et ne fleurissez qu'une rangée sur deux ; l'effet sera le même et le prix divisé par deux.

➜ LES BUFFETS

C'est souvent le traiteur qui se charge de la décoration florale des buffets ; pensez à lui demander ce qu'il peut vous proposer au moment de la rédaction du devis. Surtout, exigez des photos, sous peine de vous retrouver avec des arums alors que vous rêviez de bouquets champêtres. Si votre prestataire ne le propose pas ou si vous préférez vous en charger, pas besoin de faire compliqué : une grande brassée de fleurs, des feuillages disposés le long des plats (le lierre, très résistant, s'y prête parfaitement) ou des petits bouquets nonchalants dans des vases dépareillés ajouteront beaucoup de charme aux buffets et éviteront l'effet « étalage de nourriture ».

➜ LES TABLES DU DÎNER

On y vient : les fameux centres de table ! L'éventail des possibilités est immense, tout dépend de vos goûts et de votre budget. Une seule règle : choisir des fleurs qui

tiennent, sous peine de voir vos bouquets piquer du nez après 21 h. Sinon, tout est permis : chemins de table en mousse végétale, compositions mixant fleurs et objets décoratifs emblématiques de votre couple, comme des livres ou des appareils photos anciens (n'hésitez pas à jeter un œil à nos idées d'alternatives aux fleurs coupées, p. 98). Chez un fleuriste, comptez généralement un minimum de 25 euros par centre de table ; une somme non négligeable si vous avez beaucoup d'invités et, donc, beaucoup de tables. L'autre option consiste à les faire soi-même ; un peu plus long mais souvent beaucoup plus économique.

Choisir son fleuriste

Facilité et gain de temps : un grand nombre de futurs mariés choisissent de faire appel à un professionnel. À partir de là, deux possibilités : soit vous avez le coup de foudre pour le travail d'un artisan et vous vous en remettez totalement à lui pour une création originale ; soit vous avez une idée bien précise en tête et vous tentez de dénicher la perle rare qui saura la concrétiser. Dans ce dernier cas, soyez les plus précis possible sur vos envies, à grand renfort de photos et du carnet d'inspiration (voir « S'inspirer », p. 8). Indiquez les fleurs que vous préférez et celles que vous détestez. Surtout, exigez de voir un essai avant de vous engager pour pouvoir rectifier le tir le cas échéant.

Réaliser soi-même ses bouquets

Que ce soit pour des raisons de budget ou parce que vous n'arrivez pas à trouver un fleuriste qui vous plaise, composer soi-même ses bouquets n'est pas aussi insurmontable qu'il y paraît. Avec un peu de chance, vous avez dans votre entourage une bonne âme à la main verte qui sera ravie de s'en charger. Sinon, il existe des cours d'art floral qui pourront vous donner en quelques

> ### *Des fleurs fraîches à prix mini*
>
> Oubliez le fleuriste chic et explorez des options moins conventionnelles : le jardin de mamie ou les fleurs à cueillir soi-même dans des fermes horticultrices reviennent bien moins cher et permettent de composer de très jolis bouquets champêtres. Ne négligez pas non plus le fleuriste de la supérette du coin ou celui du marché : avec un peu de bagout et un grand sourire, il acceptera peut-être de vous faire un prix de gros si vous réalisez vous-mêmes les bouquets. Économies assurées !

heures les bases nécessaires à la confection de vos bouquets. Le bon plan : inscrivez-vous en groupe avec vos témoins et demandez au professeur de personnaliser le cours en fonction de vos envies. Il n'y aura plus qu'à mobiliser votre petite équipe et à reproduire les bons gestes le jour J !

Le bouquet de la mariée : qui l'offre et comment le choisir ?

La tradition veut que ce soit monsieur qui l'offre, pour être « le dernier à fleurir une demoiselle et le premier à fleurir une dame ». Le bouquet de la mariée doit non seulement être en harmonie avec la décoration, mais aussi, et surtout, avec la robe. Si votre fiancé tient à choisir seul votre bouquet, pensez à lui glisser quelques indices : soufflez-lui vos fleurs fétiches, rappelez-lui les couleurs de votre mariage et l'ambiance de la déco. Côté sous, comptez entre 30 et 120 euros – attention, le prix à tendance à doubler dès que vous prononcez le mot fatidique de « mariage »…

★ Si, traditionnellement, le bouquet de la mariée est blanc, synonyme de pureté, on peut aujourd'hui tout se permettre, même se passer de fleurs (voir les alternatives aux fleurs coupées p. 98). Il y a les compositions très strictes (boule, en cascade…), dont rien ne dépasse, qui sont prisées par la plupart des fleuristes. Mais aussi la fleur portée seule – évitez le lys, au risque de passer pour une icône religieuse et foncez sur la protea, une fleur sud-africaine au look très particulier. N'hésitez pas non plus à miser sur les compositions avec un seul type de fleur. Il n'y a rien de plus élégant qu'une brassée de gypsophiles ou une simple boule d'hortensia. De même, les pivoines peuvent tout à fait se suffire à elles seules. Vous pouvez aussi choisir le bouquet minaudière – une boule de fleurs accrochée au poignet – ou opter pour un bouquet bohème,

sans prétention – vous savez, celui qui paraît avoir tout juste été cueilli dans le champ d'à côté ! Pensez également aux branches d'olivier, à l'eucalyptus, à la menthe, aux oreilles d'ours (stachys) ou à l'artemisia. Ne négligez pas non plus le lien qui retiendra le tout : le rafia ou le ruban satiné peuvent être remplacés par de la dentelle (pour le côté rétro), du Liberty (pour le romantisme), du bakers twine (ficelles rayées, pour le fun) ou par un morceau de tissu qui rappellera la tenue de vos témoins (voir chapitre « Accompagner », p. 198).
★ Pour le personnaliser, certaines mariées ajoutent même un bijou ou un médaillon de famille qui leur est cher. Enfin, pensez à préciser au fleuriste la taille du bouquet : il doit être en rapport avec votre silhouette, pour ne pas vous alourdir ni paraître ridiculement petit. Tout un art !

Quelques alternatives aux fleurs coupées

Vous êtes allergique aux fleurs ou tout simplement en quête d'originalité : les blogs de mariage regorgent d'idées toutes plus étonnantes les unes que les autres pour remplacer les fleurs coupées, que ce soit pour le bouquet de la mariée, les boutonnières ou les centres de table. En tête de liste : les fleurs en papier. Si vous avez le temps, le courage et la dextérité, laissez-vous tenter par l'origami : vous obtiendrez des résultats surprenants (fleurs géantes, compositions en papier journal ou en papier japonais). Dans la série DIY, vous trouverez aussi les pompons en laine, rigolos et tout à fait dans le ton pour un mariage d'hiver, les cœurs en feutrine (voir fiche pratique, p. 112) et même les boules de Noël ! Certaines collectionnent également les broches vintage pour en faire un bouquet. Dans ce cas, vous zapperez le traditionnel lancé ! Les fleurs peuvent aussi céder la place aux fruits et légumes, aux succulentes, aux terrariums, aux aquariums, aux plumes, aux *air plants* (tillandsia) et aux plantes en pot. Une solution écologique, puisqu'après le mariage, le couple et les invités auront la possibilité de les replanter chez eux. Et pourquoi ne pas penser aux fleurs séchées ? Enfin, dernière option, les fleurs atypiques, comme la fleur de coton, parfaite pour l'hiver.

Ces détails qui changent tout

Pour insuffler de la personnalité à votre mariage sans retapisser votre grange normande, rien de tel que les petits détails. Livre d'or, *cake toppers* (figurines de gâteau), marque-places : tous ces éléments vont rendre votre journée unique et à votre image. Voici une liste non exhaustive de détails à personnaliser.

✔ **Allée centrale de la cérémonie :** quelques bouquets attachés, des bocaux suspendus, des pompons, des fleurs de coton, des citrouilles, des bougies sauront donner un cachet particulier.

✔ **Arche (cérémonie en extérieur) :** cela peut être une arche de jardin décorée de centaines de moulins à vent, de simples voilages ou de rosiers grimpants ; un rideau de rubans, des fanions, des portes-fenêtres vintage ou simplement un décor naturel, comme un bel arbre, que vous pourrez décorer de dentelles, de pompons, de guirlandes lumineuses ou auquel vous accrocherez des bougies dans des bocaux.

✔ **Badges pour les invités :** personnalisés avec vos initiales, la date de votre mariage, un dessin ou une photo, ils raviront vos convives, qui les conserveront comme souvenir.

✔ **Cadeaux d'invités :** dragées, mais aussi miel, confiture, succulente, graines de fleurs, bonbons, sirop, pop-corn, bougie, thé, éventail, biscuits, mouchoir, aimant… La seule limite, c'est votre imagination ou votre porte-monnaie. L'idéal est de choisir un cadeau cohérent avec votre thème ou vos passions.

✔ **Cake toppers :** c'est le nom que donnent les Américains aux petits personnages en plastique placés en haut de la pièce montée. Il existe des dizaines de possibilités : figurines en bois, mini-banderole, petite guirlande, fleurs fraîches, cierges magiques et, pourquoi pas, Playmobil ! N'hésitez pas à les bricoler vous-même.

✔ **Centre de table :** cela peut être un bouquet, mais aussi des fruits, des plantes en pot, des terrariums. Pensez à détourner d'autres objets pour les transformer en vases, comme de jolies boîtes en métal, des bocaux en verre, des théières, des tasses ou des pots de confiture. Jouez avec les supports et n'hésitez pas à incorporer des objets qui reflètent votre couple : appareils photo, vinyles, objets miniatures…

✔ **Coin photo (photobooth) :** organiser un coin photo pour ses invités, c'est la garantie de clichés rigolos qui compléteront avantageusement ceux de votre photographe. Il suffit de peu de choses : quelques pompons suspendus, un joli mur, des rubans, une planche sur laquelle vous collerez un beau papier peint, un drap ancien. Pour les accessoires, optez pour des objets en rapport avec votre couple, vos passions : masques, cadres, chapeaux, ardoises…

✔ **Coussin pour les alliances :** le choix ne se résume plus au coussin en satin blanc ! À vous de voir ce qui se mariera le mieux avec votre univers : une jolie boîte, un livre dont on a creusé l'intérieur, un nid…

✔ *Escort-cards :* marque-place en bon français, ils indiquent joliment à chaque invité quelle est sa table. D'un beau carton à une petite plante en pot, en passant par la clé ancienne avec une étiquette, tout est possible !

✔ *Étiquettes :* voici une manière simple et peu onéreuse de personnaliser vos buffets, vos cadeaux d'invités ou votre bar à bonbons. Une étiquette qui dit « Mangez-moi ! » donne tout de suite un côté ludique au cocktail ! Pour les trouver, le choix est vaste : modèles à télécharger en ligne, étiquettes d'écolier, faites main à dénicher sur les sites de créateurs comme Etsy (voir Carnet adresses, p. 210).

✔ *Fanions :* ces petits triangles suspendus à un fil ont la cote. Et pour cause : faciles à faire, il donneront un air festif à vos buffets et à votre salle. Vous en trouverez dans les magasins de décoration généralistes et spécialisés pour les enfants. Sinon, ils sont très faciles à faire soi-même ; il existe de nombreux tutoriels en ligne.

✔ *Livre d'or :* comme le jour J vous n'aurez pas le temps de voir tout le monde, le livre d'or permet à vos invités de vous laisser des petits mots, que vous relirez avec émotion un peu plus tard. Variez les supports : cartes postales vintage, cartons imprimés à compléter, machine à écrire rétro. Pour changer, pensez au livre d'or photo (laissez un Polaroid ou un Instax mini à disposition) ou vidéo (confiez la réalisation à un ami ou à votre vidéaste).

✔ *Livret de cérémonie :* il peut être imprimé par le prestataire qui a la charge de vos faire-part ou fait maison et décoré d'un ruban, d'un galon de dentelle…

✔ *Menu :* imprimé sur un papier assorti à vos faire-part, c'est un joli souvenir que vos invités emporteront. Écrit sur une grande ardoise façon bistrot, il donnera un caractère décontracté au dîner.

✔ *Numéros/noms de tables :* il existe mille et une manières de les présenter. L'option classique, c'est un simple carton, mais cela vaut le coup de faire un effort d'imagination : un nom de lieu ? Trouvez une affiche vintage et imprimez-la sur un papier cartonné. Un numéro ? Achetez le chiffre en papier mâché et mettez-le dans une petite plante en pot.

✔ *Plan de table :* la première qualité d'un plan de table, c'est d'être clair. Pensez à le rendre lisible en n'écrivant pas trop petit et en le plaçant à hauteur du regard pour que vos invités ne risquent pas le lumbago en cherchant leur place.

✔ *Le riz, les pétales, les confettis :* en France, la coutume veut qu'ils soient proposés aux invités dans des paniers à la sortie de la cérémonie, mais vous pouvez choisir d'en distribuer dans des petits cônes ou dans des sachets.

3. DIY, mode d'emploi

Maintenant que vous avez listé tous les petits détails que vous aimeriez intégrer à votre déco, vous avez peut-être les doigts qui vous démangent. Certes, vous pouvez toujours acheter du tout-fait, mais le DIY – acronyme de Do it yourself (« faites-le vous-même », en bon français) – séduit de plus en plus de jeunes mariés, car il permet de personnaliser facilement, et à moindre coût, son mariage. Nos conseils pour se lancer sans se planter.

Évaluez

Avant tout, il convient tout d'abord de mesurer le temps, l'énergie et l'argent que vous allez devoir investir. Pour cela, commencez toujours par fabriquer un prototype. C'est le seul moyen d'évaluer réellement le nombre d'heures nécessaires, d'apprécier les failles techniques (matériel introuvable, inadapté), la difficulté d'exécution du projet et le prix des fournitures. Contrairement aux apparences, ce n'est pas parce que c'est fait main que c'est gratuit. Le DIY a un prix et, s'il reste généralement abordable, il n'est pas toujours négligeable. Enfin, c'est l'occasion de vérifier que le résultat vous plaît. Une réalisation très jolie en photo peut se révéler décevante dans la réalité. Ce serait dommage de réaliser que vous n'aimez pas les pompons après avoir commandé 2 000 feuilles de papier de soie.

Reste à passer vos troupes en revue : avez-vous des amis portés sur les travaux manuels ou des témoins très impliqués ? Si non, combien de soirées êtes-vous prêts à sacrifier ? Gardez des ambitions raisonnables.

Créez des priorités

Après avoir compulsé des dizaines de carnets d'inspiration, vous risquez fort de vous heurter à la dure réalité : vous n'aurez jamais le temps de faire tout ce dont vous rêvez.

Prenez un peu de recul et listez tous vos projets : lequel aura le plus d'impact sur votre décoration ? Lequel vous ressemblera le plus, sera le plus original, le plus photogénique ? Arbitrez en fonction des critères de votre choix.

Tentez aussi de ruser, en pensant aux deux-en-un (des marques-places-cadeaux d'invités, quelle bonne idée !). Si votre budget le permet, vous pouvez aussi vous tourner vers des sites de petits créateurs, qui donneront cette touche « fait main » à votre déco sans vous obliger à poser un congé sabbatique (voir Carnet d'adresses, p. 210).

Exécutez

Vous avez évalué le temps, l'argent et l'énergie que vous pouvez investir dans vos DIY et, en fonction de ces critères, vous avez établi une liste de projets. Il est temps de passer à l'action ! Pour commencer, fixez-vous un créneau hebdomadaire et faites-en un rendez-vous : commandez des sushis, concoctez une playlist…

Déléguez

Attribuez les tâches en fonction des affinités de chacun, mais aussi du matériel qu'il possède. Confiez la confection des panneaux en bois à votre grand-père plutôt qu'à votre cousine Caroline qui habite un deux-pièces parisien. Enfin, ne mégotez pas sur les instructions : croquis, schémas, photos, modèles… Facilitez-leur le travail. Et pourquoi ne pas organiser des sessions de groupe ? Cela permettra à tout le monde de faire connaissance avant le mariage. Chouchoutez-les en prévoyant boissons et apéro dînatoire. À plusieurs, vous pourrez tourner, et le temps passe plus vite.

Enfin, gardez en tête que même s'ils sont très heureux d'être impliqués,

c'est votre journée, pas la leur. Alors, relativisez, n'essayez pas de leur forcer la main, mais appréciez ce que chacun peut vous offrir. Ce n'est pas parce qu'ils n'ont pas plié des centaines de cocottes en papier que vos amis ne vous aiment pas !

4. S'équiper pour créer

Les bons outils

→ ATTACHER

✔ *Baker's Twine :* ficelle bicolore importée des États-Unis qui se décline dans de nombreux coloris. Pratique pour attacher et décorer faire-part, livrets de messe, vases, *escort-cards*, bouquets…

✔ *Rafia, ficelle :* un grand classique pour les mariages champêtres. Parfait pour attacher des fleurs, des panneaux ou des vases en suspension.

✔ *Rubans :* classiques en satin, sophistiqués, avec des motifs, bruts, en tissu gros-grain ou en coton sergé, ils ferment joliment une bonbonnière, décorent un arbre, le fond d'un photobooth ou servent de support pour accrocher les *escort-cards*.

→ COLLER

✔ *Tissu thermocollant :* pratique, il solidifie le tissu, ce qui permet ensuite de le travailler comme si c'était du papier. Une idée originale pour imprimer un menu ou le programme de votre cérémonie.

✔ *Pistolet à colle :* un outil peu onéreux pour coller facilement tous types de supports à l'aide d'une colle chaude.

✔ *Masking Tape :* version adhésive du papier washi, le papier traditionnel japonais, le *masking tape* deviendra vite votre meilleur allié. Déchirable à la main, repositionnable à l'infini et décoratif (il en existe des centaines de versions), il saura résoudre

bien des difficultés techniques. Quelques exemples d'utilisations : décorer un vase, un photophore, un livre d'or, un menu, fermer un sachet…

➜ DÉCOUPER

✔ *Cutter :* un indispensable pour couper droit.

✔ *Cutter rotatif :* et oui, cela existe ! Rien de tel pour découper des volutes et des cercles, il suit le mouvement naturel de votre main.

✔ *Perforatrices :* il en existe de toutes les tailles et de toutes les formes. Certaines permettent de découper juste les coins ou une bordure pour créer un effet décoratif sur un menu, un faire-part ou une étiquette.

✔ *Massicot :* il n'a pas son pareil pour découper droit plusieurs feuilles à la fois. Indispensable si vous projetez de réaliser une partie de votre papeterie vous-mêmes.

➜ ÉCRIRE ET EMBELLIR

✔ *Papier / Cardstock :* papier à fort grammage (au delà de 180 g) parfait pour les invitations, menus, *save-the-date*, *escort-cards*. Pour éviter qu'il ne se déchire, on le plie à l'aide d'un plioir, petit outil en plastique très utile.

✔ *Papier de soie :* c'est ce papier fin et vaporeux que l'on utilise entre autres pour fabriquer les fameux pompons (voir notre Fiche pratique, p.114).

✔ *Papier crépon :* un peu plus épais que le papier de soie et disponible dans de nombreuses couleurs, il est parfait pour fabriquer des fleurs.

✔ *Papiers décoratifs :* on les trouve dans les magasins de loisirs et création et sur Internet. Papiers japonais ou de scrapbooking : ils sont parfaits pour décorer l'intérieur des enveloppes, l'arrière d'une invitation ou d'un menu, fabriquer des cônes pour les pétales de fleurs, etc.

✔ *Carton plume :* léger panneau de mousse en polystyrène recouvert de papier, très utile pour faire des panneaux.

Où se fournir ?

Dénicher les bons outils prend souvent autant, voire plus de temps, que la réalisation elle-même. Il faut parfois ruser et se fournir dans des boutiques qui n'ont, *a priori*, rien à voir avec le mariage et la déco. Internet est une mine, consultez régulièrement les blogs de mariage qui vous tiendront au courant des meilleures adresses du moment.

Enfin, n'hésitez pas à acheter toujours un peu plus que prévu. Il y aura inévitablement des ratés et il n'y a rien de pire qu'une couleur en rupture de stock.

→ BOUTIQUES DE LOISIRS CRÉATIFS

C'est la première étape pour se fournir en matériel de base, pour obtenir des conseils, mais aussi pour obtenir des accessoires à personnaliser : lettres et chiffres en papier mâché, cadres en bois brut…

→ PAPETERIES

Pour choisir votre papier, n'hésitez pas à vous rendre chez un spécialiste. Vous y trouverez également des papiers plus spécifiques, comme le papier à origami, du papier cadeau original et des albums à personnaliser pour créer un livre d'or.

➜ MAGASINS DE TISSUS ET MERCERIES

Source inépuisable d'inspiration, les motifs des tissus peuvent ensuite être scannés et photocopiés. Mais surtout, le tissu intervient dans de nombreux détails : nœuds papillons, cravates, sacs, fanions, coussin d'alliances… Dans les merceries, vous trouverez aussi du tissu thermocollant, des colles à tissus, des rubans, des amulettes, du biais, de la dentelle, des plumes ou des boutons. Des détails qui font toute l'originalité d'un DIY.

➜ JARDINERIES ET MAGASINS DE BRICOLAGE

On y fait de jolies trouvailles : papier peint, graines de fleurs, bois, colle en spray, peinture, patères, poignées de portes, boîtes aux lettres, pochoirs, ardoises…

➜ BOUTIQUES DE DÉCORATION

Vases, coussins, bougeoirs, fleurs artificielles, jolies boîtes, nappes, on y chine des éléments de décoration à personnaliser.

➜ BOUTIQUES DE CUISINE

Vous y trouverez votre bonheur pour la décoration d'un buffet ou d'un centre de table : porte-étiquettes, numéros de tables, plats de service, serviteurs…

➜ MAGASINS POUR ENFANTS

Le rayon « anniversaire » des boutiques pour enfants est une mine insoupçonnée : sachets, cornets de pop-corn, distributeurs de bonbons, mais aussi de chouettes accessoires pour le coin photo.

➜ BAZARS

Vous y dénicherez de petites merveilles qui en quelques coups de DIY feront parfaitement illusion : lanternes en papier, papier crépon, figurines, cadres…

➜ BOUTIQUES DE VINTAGE, BROCANTES, VIDE-GRENIERS

On y fait de bonnes affaires, mais ce sont surtout d'excellentes sources d'inspiration. De jolis mouchoirs dépareillés feront de parfaits *save-the-date* ou des cadeaux d'invités, des rubans et de la dentelle viendront donner du cachet à des bocaux utilisés en vase. Cherchez également des tampons vintage, parfaits pour décorer menus et faire-part. Enfin, vous y trouverez de nombreux éléments pour donner du cachet à votre déco : nappes, caisses en bois, cadres, vaisselle, mappemondes, valises…

Les Mariés sur le Divan

À force de regarder des mariages sublimes sur les blogs, j'ai l'impression que je n'y arriverai jamais !

Gardez à l'esprit que les photos publiées sont sélectionnées, parfois retravaillées, et qu'elles ne montrent que le meilleur de chaque mariage. Vous ne verrez jamais la pelleteuse juste à droite de la charmante église dont l'aile est en travaux. Un bon photographe sait parfaitement sublimer un mariage. Mais, surtout, n'oubliez jamais que les mariages américains sont souvent coordonnés par un wedding planner, qui va parfois jusqu'à faire réaliser les DIY par ses stagiaires ! Alors, détendez-vous et, si vous stressez encore, mettez le prix pour le photographe…

Nous avons horreur de la déco, et le DIY nous fatigue. Que faire ?

N'avoir aucun intérêt pour la déco de son mariage, c'est grave docteur ? Non ! La cote d'un mariage réussi ne s'évalue pas en fonction du nombre de projets DIY. Si vos mères ou vos copines possèdent des talents qui ne demandent qu'à s'exprimer, choisissez la plus motivée et déléguez-lui tous ces petits détails, sans oublier de la remercier par une petite attention. Sinon, misez sur la simplicité (quelques fleurs, des bougies, etc.) et dites-vous bien que c'est vous et votre bonheur rayonnant qui focaliseront l'attention le jour J, pas les centres de table.

FICHE PRATIQUE
Le calendrier des fleurs

JANVIER	FÉVRIER	MARS	AVRIL	MAI	JUIN
Camélia	Tulipe	Renoncule	Pivoine	Rose	Hortensia

Jasmin	Camélia	Anémone	Anémone	Anémone	Arum
Mimosa	Freesia	Camélia	Aster	Arum	Aster
	Jasmin	Forsythia	Azalée	Aster	Bleuet
	Mimosa	Freesia	Camélia	Azalée	Bougainvilliers
	Orchidée	Jacinthe	Forsythia	Bleuet	Chardon
		Jasmin	Jacinthe	Bougainvilliers	Chèvrefeuille
		Magnolia	Jasmin	Camélia	Chrysanthème
		Mimosa	Lilas	Capucine	Coquelicot
		Narcisse	Magnolia	Chèvrefeuille	Cosmos
		Orchidée	Muguet	Coquelicot	Craspedia
		Pâquerette	Narcisse	Genêt	Dille - Fleur de carotte
		Pensée	Orchidée	Lilas	Églantier
		Renoncule	Renoncule	Magnolia	Genêt
		Tulipe	Rose	Muguet	Gerbera
			Tulipe	Narcisse	Jasmin
			Véronique	Œillet	Lavande
				Orchidée	Lys
				Pivoine	Magnolia
				Renoncule	Marguerite
				Tulipe	Orchidée
				Véronique	Pivoine
					Renoncule
					Rose
					Véronique

FICHE PRATIQUE
Le calendrier des fleurs

JUILLET	AOÛT	SEPTEMBRE	OCTOBRE	NOVEMBRE	DÉCEMBRE
Freesia	Dille - Fleur de carotte	Tournesol	Dahlia	Orchidée	Mimosa

Arum		Anémone	Anémone	Camélia	Camélia
Aster	Arum	Aster	Aster	Chrysanthème	Orchidée
Bleuet	Aster	Bougainvilliers	Chardon	Pâquerette	
Bougainvilliers	Bleuet	Chardon	Chèvrefeuille		
Chardon	Bougainvilliers	Chèvrefeuille	Chrysanthème		
Chèvrefeuille	Chardon	Chrysanthème	Craspedia		
Chrysanthème	Chèvrefeuille	Cosmos	Dahlia		
Coquelicot	Cosmos	Dahlia	Hortensia		
Cosmos	Dahlia	Freesia	Pâquerette		
Craspedia	Freesia	Genêt	Rose		
Dahlia	Fuchsia	Géranium			
Dille - Fleur de carotte	Genêt	Gerbera			
Genêt	Gerbera	Glaïeul			
Gerbera	Glaïeul	Hortensia			
Glaïeul	Hortensia	Jasmin			
Hortensia	Jasmin	Lys			
Jasmin	Lysianthus	Orchidée			
Lavande	Magnolia	Rose			
Lys	Orchidée	Véronique			
Magnolia	Pois de senteur				
Marguerite	Rose				
Orchidée	Véronique				
Rose					
Véronique					

FICHE PRATIQUE
Le bouquet de cœurs en feutrine
Par Cécile du blog *With a Love Like That* (http://withalovelikethat.fr)

Il vous faut :
- ✔ De la feutrine
- ✔ De la ouate de rembourrage
- ✔ Une paire de ciseaux
- ✔ Du fil à coudre
- ✔ Du fil de fer
- ✔ Une balle en mousse (à acheter au rayon jouets)
- ✔ Des baguettes chinoises
- ✔ Du ruban
- ✔ Un gabarit cœur

Mode d'emploi

1. Découpez la feutrine selon un gabarit en forme de cœur

2. Prenez deux cœurs en feutrine et cousez-les ensemble en laissant juste une petite ouverture pour insérer la ouate.

3. Une fois le coeur rempli d'ouate, glissez un fil de fer et terminez de coudre. Répétez l'opération une soixantaine de fois.

4. Plantez les fils de fer tout autour de la balle en mousse en les serrant bien. Laissez juste un peu de place en dessous de la balle pour insérer les baguettes chinoises.

5. Entourez les baguettes de ruban. N'hésitez pas à faire plusieurs tours pour que la tige du bouquet soit suffisamment épaisse.

6. Si vous ne souhaitez pas de bouquet rond, rassemblez simplement les fils de fer et enroulez du ruban autour.

FICHE PRATIQUE
Des cornets pour le riz ou les pétales de fleurs

Il vous faut :
- ✔ Une feuille de papier (épaisse si possible - 250g) de 15 x 15 cm
- ✔ Du scotch double face ou de la colle forte
- ✔ Une perforatrice à bord du motif de votre choix

Mode d'emploi

1. Prenez la feuille de papier face à vous, une pointe vers le haut. Perforez les deux côtés du haut.

2. Appliquez de la colle ou du scotch double face sur le bord situé en bas à droite.

3. Ramenez le bord situé en bas à gauche sur le scotch double face ou la colle et pressez.

4. Tadaaa ! Il ne reste plus qu'à distribuer les cornets aux invités.

FICHE PRATIQUE
Des pompons pour donner du peps à la déco

Il vous faut :
- ✔ Du papier de soie (comptez au moins 10 feuilles de 50 x 75 cm par pompon)
- ✔ Du fil de fer ou une agrafeuse
- ✔ Des ciseaux
- ✔ De la ficelle

Mode d'emploi

1. Prenez 10 feuilles de papier de soie et pliez-les en accordéon dans le sens de la longueur.

2. Attachez le centre avec du fil de fer ou une agrafe.

3. Découpez chaque côté pour lui donner, au choix, une forme ronde ou en pointe (pour que le pompon ressemble à un dahlia).

4. Dépliez chaque côté, comme pour former un papillon.

5. Séparez lentement et délicatement chaque feuille de papier de soie sans vous soucier du résultat final.

6. Donnez à votre pompon sa forme définitive et attachez une ficelle au centre pour pouvoir l'accrocher au plafond ou dans un arbre.

SE FAIRE BEAUX

VOUS MARIER EN BEAUTÉ

Qui dit mariage dit robe blanche… Et pourtant, cela n'a pas toujours été le cas, loin de là. Si dans l'Antiquité romaine, la future épouse était invariablement vêtue de blanc et coiffée d'une couronne de fleurs d'orange, cette coutume s'est perdue au Moyen Âge. Pendant longtemps, les mariés se contentaient d'enfiler leurs plus beaux atours pour se dire oui. Il a fallu attendre le mariage de la reine Victoria, en 1840, pour relancer la mode du blanc. Et le marié ? Il est passé du costume… au costume !

1. La mariée

La robe : sur mesure, de créateur ou prêt-à-porter ?

Dénicher LA robe relève parfois de la quête du Graal. Voici les différentes options qui s'offrent à vous pour mener à bien cette mission (voir Carnet d'adresses, p. 210).

➜ **LES MULTIMARQUES ET LES BOUTIQUES ENSEIGNES**

Un peu partout en France, vous trouverez des multimarques qui proposent toutes sortes de modèles dans une gamme de prix assez large. À l'inverse, les boutiques enseignes ont des collections dessinées par leurs propres stylistes. Parmi les plus connues, on peut citer Pronovias, Cymbeline ou Pronuptia. Dans les deux cas, les robes sont fabriquées à la demande dans des tailles standard, puis ajustées à vos mesures en boutique.

Les retouches sont gratuites (sinon, cela se négocie). Si vous ne savez pas par où commencer, cela vous permettra d'essayer des modèles différents et d'y voir un peu plus clair. L'inconvénient : l'accueil n'est pas toujours au top et les vendeuses poussent parfois à l'achat sans tenir compte de ce qui vous va. Les prix : de 300 à plus de 3 000 euros.

→ LES CRÉATEURS ET LE SUR MESURE

Adieu meringue et choucroute garnie ! Avec leurs modèles chic et bohèmes, Delphine Manivet et Célestina Agostino ont su dépoussiérer et décoincer la robe de mariée. Une nouvelle garde de jeunes stylistes leur a emboîté le pas, pour notre plus grand bonheur. Certains proposent simplement d'adapter des modèles de leur collection, d'autres peuvent créer pour vous un modèle original. Contrairement aux idées reçues, une robe de créateur ou sur mesure n'est pas forcément inabordable, surtout si vous faites appel à un jeune talent (voir carnet d'adresses, p. 210).

✔  *Les prix :* à partir de 1 500 euros en court et 2 000 euros en long. Cher, mais pas forcément beaucoup plus que le milieu de gamme chez Cymbeline ou Pronuptia. Chez les créateurs les plus renommés, en revanche, cela peut monter à 4 000 euros, voire le double…

→ LE PRÊT-À-PORTER

Vous préférez investir dans un bon champagne plutôt que dans votre robe ? Optez pour le prêt-à-porter. On y trouve de plus en plus de robes blanches, surtout dans les collections d'été. Certaines marques, comme Max Mara, ont même lancé des lignes « mariage ». Depuis le succès de sa robe Enchanteresse auprès des *bride-to-be* (future mariée), Naf Naf s'amuse à décliner des robes de princesse qui font le bonheur du por-

tefeuille des futures mariées. Enfin, rien ne vous oblige à être en blanc. Si vous rêvez de vous offrir une robe de créateur ou si vous avez repéré le modèle de vos rêves, faites-vous plaisir ! L'argument massue : vous pourrez facilement la reporter.

➜ INTERNET

Créateurs étrangers, vintage (l'Angleterre et les États-Unis sont les grands spécialistes) : avec un peu de chance, sur le Net, vous pouvez dénicher la robe de vos rêves à un prix parfois ridiculement bas. Mais ce n'est pas sans danger : la robe risque de ne pas être ajustée, le tissu ou sa couleur peuvent vous décevoir. Mieux vaut pouvoir la retourner et se faire rembourser. Et sachez qu'une couturière ou une bonne retoucheuse seront des alliées essentielles.

✔ *Bon à savoir :* attention aux frais de douanes éventuels si vous commandez hors Union européenne.

➜ LA LOCATION OU LA SECONDE MAIN

Que ce soit pour des raisons économiques ou éthiques, les dépôts-ventes et les services de location de robes se développent de plus en plus. Idéal si le fait d'investir un SMIC dans votre tenue de mariée vous donne des boutons. Mieux vaut ne pas partir avec une idée trop précise de ce que vous voulez et avoir l'esprit ouvert pour trouver la perle rare. L'avantage : les robes sont nettoyées et impeccables et vous bénéficiez du service de retouche de la boutique. C'est également un bon plan pour trouver vos accessoires, comme le voile, à moindre prix.

Essayages : mode d'emploi

★ À moins d'opter pour du prêt-à-porter, sachez que l'on n'achète pas une robe de mariée comme un vulgaire débardeur. Pas question d'entrer dans une boutique au petit bonheur la chance et de commencer à fouiller dans les rayons. Créateurs et magasins spécialisés ne reçoivent que sur rendez-vous. Et, en fin d'année, les délais d'attente peuvent être de plusieurs semaines, surtout si vous n'êtes disponible que le samedi. Mieux vaut s'y prendre en avance.

★ Ensuite, ne soyez pas étonnée, les boutiques spécialisées ne disposent de chaque modèle que dans une seule taille. Et parfois, malgré les efforts de la vendeuse qui fait son maximum avec des rajouts et des épingles à nourrice, il faut faire preuve d'un peu d'imagination.

★ Lors d'une séance d'essayage, vous essaierez rarement plus de cinq ou six modèles (une robe, ça ne s'enfile pas comme un tee-shirt). C'est pourquoi il est important de se faire une petite idée avant.

★ Enfin, lorsque vous aurez fait votre choix, la vendeuse prendra vos mensurations pour commander un modèle à votre taille. Comptez entre trois et six mois de fabrication, qu'il s'agisse d'une création unique ou non. Et n'oubliez pas qu'un ou deux rendez-vous seront nécessaires pour les retouches. Ne prévoyez pas le dernier trop tôt, juste au cas où vous auriez perdu ou pris du poids. Vous récupérerez votre robe environ dix jours avant le mariage.

✔ *Un conseil :* ne cédez pas à la tentation d'essayer des robes totalement hors budget, « pour voir ». Si vous avez le coup de foudre, cela risque d'être très dur…

Les do and don't de l'essayage

→ À FAIRE

★ Venir accompagnée de personnes qui vous connaissent bien, qui ont l'œil pour s'habiller et qui sont capables d'émettre un avis honnête, mais pas blessant (cela limite le casting, on vous l'accorde).

★ Porter des sous-vêtements de couleur chair.

★ Se rendre aux essayages avec les chaussures que vous porterez (ou au moins des chaussures de la même hauteur).

★ Si c'est possible, demandez à ce que l'on vous prenne en photo. Regarder les clichés à tête reposée, c'est le meilleur moyen de voir ce qui vous va vraiment.

→ À ÉVITER

★ Y aller avec dix copines.
★ Négliger le dos de la robe. Pendant la cérémonie, les invités ne verront que ça.
★ Récupérer sa robe deux mois avant. Mieux vaut s'offrir un dernier essayage deux ou trois semaines avant le jour J.
★ S'y rendre un jour ou vous avez des boutons, les cheveux gras et pas de maquillage.

Les accessoires

→ LES CHAUSSURES

Jusqu'à ces dernières années, la mariée n'avait guère d'alternative en dehors des escarpins beiges à bout pointu et la couleur n'était même pas envisageable. Heureusement, les choses évoluent : si vous adorez les chaussures rouges, foncez ! Et n'hésitez pas à les afficher fièrement le jour J. Sur Internet, des sites comme Shoes of Prey et Dessine-moi un soulier proposent même des créations sur mesure pour les futures mariées. Alors, un seul mot d'ordre : suivez vos envies ! Et, surtout, n'oubliez pas de prévoir une paire de rechange pour le soir : tongs ou ballerines, là encore tout est permis.

→ LE VOILE

Traditionnellement, la mariée porte le voile devant son visage et c'est son mari qui le soulève à la fin de la cérémonie pour l'embrasser. Mais, aujourd'hui, il devient de plus en plus un simple accessoire que les femmes portent uniquement sur leur coiffure. Il peut être long ou court, en tulle de polyester, en tulle de soie ou en dentelle, blanc ou ivoire, tout dépend de votre robe. Pensez à l'emporter pour vos essais afin que votre coiffeur étudie le meilleur moyen de le fixer.

→ LES DESSOUS

Une mariée qui remonte son soutien-gorge, on a vu plus chic. Ne négligez pas vos dessous. Il faut qu'ils soient parfaitement ajustés à votre taille et à votre tenue. Pas

Quelque chose de bleu...

Remontant à l'époque victorienne, cette jolie tradition anglaise nous séduit de plus en plus. Le jour J, la mariée portera quelque chose d'ancien, quelque chose d'emprunté, quelque chose de nouveau et quelque chose de bleu pour lui porter bonheur. L'objet ancien symbolise la continuité avec le passé et la famille de la mariée, il s'agit souvent d'un bijou de famille. Le neuf représente l'optimisme et la foi dans l'avenir. L'élément emprunté doit l'être à une femme heureuse dans son mariage, pour porter chance à la future épouse. Quant au bleu, c'est un symbole d'amour et de fidélité dans le couple.

---

question qu'ils se voient sous la robe. Si celle-ci est blanche, faites une croix sur un ensemble rouge sexy. Il sera toujours temps de l'enfiler discrètement dans la salle de bains avant votre nuit de noces.

➜ LE GILET, LE CARDIGAN

Même si vous ne vous mariez pas en pleine montagne au mois de décembre, vous pourriez avoir un peu froid en fin de soirée. Pas question de sortir le gilet du Père Noël est une ordure parce que vous n'avez rien d'autre sous la main. Soyez prévoyante. Achetez un petit caraco, une étole, un gilet angora tout doux ou, pourquoi pas, un cardigan en sequins pour jouer les stars sur la piste !

➜ GANTS, MITAINES, MANCHON

Avec une robe longue et un voile, les gants ou les mitaines, cela peut vite faire déguisement. Mais sur une robe courte à la coupe un peu rétro, l'effet est souvent très réussi. En hiver, un manchon sera sans aucun doute plus élégant qu'une paire de moufles.

Se faire (la plus) belle avant le jour J

Le concept clé, quand on se marie, c'est le « naturel amélioré », ou autrement dit le « moi-en-mieux ». Le challenge sera donc d'être sublime, mais en restant naturelle. Bref, que les efforts intenses que vous aurez fournis en amont ne se voient pas. Ce qui, vous vous en doutez, ne va pas se faire tout seul. Allez, au boulot !

➔ M – 6 (OU DÈS QUE VOUS DÉBUTEZ LES PRÉPARATIFS DU MARIAGE)

★ *Commençons par mettre les choses au clair* : NON, faire un régime n'a rien d'obligatoire, que vous pensiez avoir trois ou trente kilos à perdre. Votre fiancé vous épouse, VOUS, telle que vous êtes, et s'affamer pendant des mois pour une seule journée est une idée à la noix. D'abord, parce que vous aurez besoin d'énergie pour le marathon que constitue la préparation d'un mariage. Ensuite, parce que, dans 80 % des cas, vous reprendrez très vite le poids perdu. En revanche, c'est le moment d'apprendre à manger sai-ne-ment et de se remettre au sport. C'est non seulement la meilleure garantie d'être en forme, mais aussi d'avoir une belle peau, de beaux cheveux, de beaux ongles… Bref, la meilleure des bases pour être au top.

★ *Pensez à soigner vos cheveux* en leur offrant régulièrement un masque. S'ils sont clairsemés et ternes, une petite cure de compléments alimentaires trois mois avant le jour J leur redonnera du peps.

★ *Côté beauté, c'est le moment d'adopter une beauty routine* : démaquillage et nettoyage rigoureux matin ET soir, gommage (plus ou moins léger selon votre type de peau) et masque hydratant une fois par semaine. Pour le corps, exfoliant toutes les semaines et crème hydratante au quotidien, en insistant bien sur les zones sèches. Profitez-en pour faire un petit automassage, l'arme la plus efficace contre la mauvaise circulation et la cellulite. Et surtout, soyez régulière : il n'y a que ça qui paie !

➔ M – 1

★ *À un mois du mariage, une règle d'or* : on ne teste aucun nouveau produit de beauté ou de maquillage. Ce n'est pas le moment de risquer une allergie cutanée !

Ce détail qui fait tout : les sourcils

N'importe quel maquilleur de studio vous le dira : une jolie ligne de sourcils éclaire instantanément le regard. Si vous ne les avez jamais épilés, offrez-vous une ou deux séances avec une bonne esthéticienne pour définir la ligne, que vous pourrez ensuite entretenir facilement avec une pince à épiler. Le secret ? Maquillez-les avec une poudre, un crayon ou un mascara spécial en plus de camoufler les petits trous, cela soulignera votre regard.

Il est souvent conseillé de procéder à un nettoyage de peau : à vous de voir, mais sachez que certaines peaux sensibles réagissent assez fortement. Ce n'est en rien une étape indispensable, quoi que vous dise l'esthéticienne. Pour l'effet teint frais, copiez les stars et buvez un jus de citron pressé dilué dans de l'eau tiède tous les matins au réveil. Ce shoot de vitamine C à jeun permet de relancer le foie, d'éclaircir le teint et de renforcer les défenses immunitaires. Côté cheveux, c'est le moment d'aller chez le coiffeur si vous envisagez une couleur ou un balayage : la teinte aura le temps de se patiner et paraîtra beaucoup plus naturelle le jour J que si vous l'avez fait trois jours avant. Par ailleurs, cela laisse le temps de rattraper d'éventuels loupés…

➜ J – 7

★ *Votre meilleur allié, à ce stade, reste le sommeil.* Même s'il vous reste des tonnes de choses à faire et que vous récitez votre to-do list en mantra entre 1 h et 4 h du matin, essayez de passer des nuits correctes. Pensez tisanes et phytothérapie pour vous détendre !

★ *C'est également le moment de prévoir votre épilation,* au plus tard l'avant-veille pour éviter de disgracieux petits points rouges.

➜ JOUR J

Normalement, si vous avez suivi tous nos conseils, vous abordez ce jour l'œil vif, le teint frais et le cuissot ferme. Voici néanmoins quelques conseils de dernière minute.

★ *La veille au soir,* enduisez vos lèvres d'une couche copieuse de baume à lèvres pour qu'elles soient pulpeuses et douces le lendemain ; votre maquillage accrochera mieux.

★ *Si vous n'avez pas fermé l'œil de la nuit,* appliquez sur vos yeux deux compresses d'eau de bleuet que vous aurez laissées refroidir au réfrigérateur et laissez poser quelques minutes. À défaut : deux sachets de thé (froid) feront aussi bien l'affaire !

★ *Si vous avez le teint brouillé,* marchez dix minutes au grand air d'un bon pas pour réveiller les vaisseaux et revenir les joues toutes roses.

★ *Si vous avez un bouton, ne touchez à RIEN :* une grosse trace rouge serait bien plus difficile à camoufler. Confiez le soin à la maquilleuse de le faire disparaître ou consultez nos conseils p. 127.

★ *Si vous êtes une boule de nerf :* SOURIEZ ! Il n'y a rien de tel pour vous détendre et c'est le meilleur des maquillages !

La coiffure et le maquillage

➜ LA COIFFURE

Pour vos cheveux, n'hésitez pas à jouer sur les contrastes : une coiffure décontractée apporte de la fraîcheur à une robe habillée, tandis qu'un chignon élaboré fournit la touche d'élégance à une tenue simple. L'essentiel, c'est que le résultat vous ressemble et que vous ne vous sentiez pas déguisée. Un (léger) décalage entre le style de votre robe et celui de votre coiffure n'est pas gênant s'il reflète votre personnalité.

★ Vos accessoires sont également un bon moyen de vous exprimer. Vous rêviez d'un mariage de princesse, mais vous avez finalement opté pour une robe moderne ? Ajoutez-lui un voile pour la touche féerique. Un conseil de bonne copine : prévoyez toujours au moins un essayage de votre tenue complète (coiffure, chaussures, accessoires, robe). Des éléments choisis séparément peuvent ne pas du tout aller ensemble.

★ Enfin, le cadre dans lequel se déroule votre mariage a également son importance. Une coiffure trop sophistiquée risque de paraître incongrue si vous vous mariez au milieu des champs. Sans en faire un dogme – rien de pire que le total look –, mieux vaut donc prêter un minimum d'attention à l'harmonie entre votre tenue, le lieu et la décoration.

★ Vous n'avez aucune idée de ce qui vous plairait et le coiffeur ne vous propose que des pièces montées de bouclettes ? Allez voir du côté des magazines féminins, bien entendu, mais aussi des blogs beauté et effectuez l'inévitable recherche Google. Tresses, cranté Années folles, boucles glamour à la Rita Hayworth, chignon flou, cheveux lâchés, cheveux courts... vous avez le choix !

✔ *Bon à savoir* : Si vous avez prévu un shampoing et un brushing, faites-le avant pour ne pas abîmer votre maquillage.

➜ LE MAQUILLAGE

La première question qui se pose, c'est : dois-je le confier à un professionnel ? Si vous n'avez jamais tenu un pinceau à blush entre vos doigts, la réponse est sans doute oui... mais pas forcément. De nombreuses marques proposent aujourd'hui des cours qui permettent d'apprendre les bons gestes et de découvrir les bons produits. Nos préférés : Bobbi Brown pour son art du naturel et la qualité de ses produits, MAC pour le large choix de couleurs et Make Up For Ever pour la gamme de produits hyper pro. Vous pouvez également y aller avec une amie, qui apprendra à vous maquiller pour le jour J. Une bonne solution si vous n'avez pas trouvé votre bonheur à côté de l'endroit où vous vous mariez (le maquillage à la truelle de Josy Beauté à Papouillette-les-Oies, non merci !).

Si vous décidez de faire appel à un pro, il faut absolument prévoir un essai. Il doit être à l'écoute de vos envies, mais il doit également savoir vous conseiller sur la teinte qui vous va le mieux.

✔ *Bon à savoir* : un maquillage est toujours plus joli une heure après avoir été appliqué. Ne planifiez pas votre session maquillage juste avant le début de la cérémonie et ne hurlez pas si la maquilleuse vous poudre généreusement : cela permettra aux produits de tenir et de se fondre harmonieusement avec la peau.

2. Le marié

Il fut un temps où l'homme se contentait d'enfiler son plus beau costume pour se marier – l'idée vous a peut-être d'ailleurs traversé l'esprit. Cher monsieur, nous ne vous jugeons pas. Toutefois, c'est un peu dommage de ne pas profiter de cette occasion pour porter LE costume qui vous fera passer de Jean Bondu à James Bond. Si vous n'avez rien d'un accro du shopping, vous êtes peut-être un peu perdu. Pas de panique. Question timing, mieux vaut vous y prendre un peu à l'avance pour avoir le choix, six à deux mois avant le mariage.

Sur mesure ou prêt-à-porter ?

La première question à se poser est : prêt-à-porter, demi-mesure, grande mesure ou location ?

→ LE PRÊT-À-PORTER

C'est en général l'option à laquelle on pense en premier, surtout si l'on a un budget limité – mais attention, les prix montent vite chez les marques prestigieuses. Si l'on trouve des costumes deux-pièces à partir de 150 euros dans les grandes enseignes comme Célio ou Zara, un costume Paul Smith coûte facilement plus de 1 000 euros. Entre les deux, l'éventail des possibilités est large ; comptez entre 400 et 600 euros en moyenne. En revanche, si vous ne faites pas une taille standard, vous risquez d'avoir du mal à trouver un costume adapté à votre morphologie.

✔ *Notre conseil* : les coupes et les modèles varient selon les marques ; n'hésitez pas à en tester plusieurs pour déterminer celle qui vous va le mieux.

→ LE SUR MESURE

C'est la garantie de porter un costume parfaitement adapté à votre physique. Mais attention, quand on parle de sur mesure, il s'agit en général de demi-mesure ou petite mesure (par opposition à la grande mesure abordée ci-après) : le tailleur adapte un patron préexistant à vos mensurations. Vous essaierez donc plusieurs modèles « témoins » dans sa boutique avant de vous décider. Votre costume sera ensuite réalisé à vos mesures dans le tissu de votre choix. « Chez nous, les volumes, les longueurs d'épaule et de veste, ainsi que la position du point de taille sont définis à 5 millimètres près », explique Sophie Samson, cofondatrice de la maison de sur mesure Samson à Paris. Contrairement à ce que l'on croit, les prix ne sont pas forcément exorbitants : entre 600 et 1 500 euros en fonction du tailleur et des tissus choisis… soit le prix d'un costume Hugo Boss. À nos yeux, la demi-mesure reste un excellent compromis entre l'envie de se faire plaisir et un budget raisonnable. Certes, c'est un investissement plus important qu'un costume acheté en prêt-à-porter, mais le résultat est incomparable.

✔ *Bon à savoir* : de nombreux tailleurs spécialisés dans le mariage vous proposent d'adapter votre costume (en raccourcissant une jaquette, par exemple) pour que vous puissiez le remettre après la cérémonie. Une bonne manière d'amortir votre investissement.

→ LA GRANDE MESURE

Aussi appelée « bespoke », elle représente le Graal de l'élégance masculine. Après vous avoir mesuré sous toutes les coutures, le tailleur dessine un patron unique, totalement adapté à vos particularités physiques. Il vous remet ensuite votre patron et conserve vos mensurations pour un prochain costume. Un véritable travail d'artisanat de luxe… avec un coût à la hauteur : 3 500 euros minimum.

✔ *Notre conseil :* si vous pouvez vous le permettre, foncez ! C'est un luxe authentique et vous pourrez le remettre, contrairement à une robe de mariée.

→ LA LOCATION

C'est une solution à la fois pratique et économique. Pratique, car cela vous évite d'investir dans un costume de cérémonie que vous n'êtes pas sûr de reporter ; économique, car les prix démarrent à 100 euros pour un costume trois-pièces. Le forfait comprend généralement trois ou quatre jours de location et le nettoyage. L'autre avantage, c'est le large choix des enseignes spécialisées en matière de tailles et de coupes.

Comment le choisir ?

★ **Il y a deux critères à avoir en tête lorsque vous cherchez votre costume.** Le premier, c'est le style de votre mariage : champêtre, urbain, décontracté, ultra-chic ? Le choix ne sera sans doute pas le même selon que vous vous mariez à l'hôtel de ville de Lyon ou dans la campagne basque. Le second, c'est la robe de votre future épouse… que vous n'aurez probablement pas vue, et c'est là que ça se corse. Le mieux, c'est encore que votre fiancée vous accompagne. Si vous voulez garder, vous aussi, la surprise, allez-y avec une personne de confiance qui aura vu la robe.

★ **Pour le reste : oubliez les diktats.** La véritable élégance, c'est une adéquation entre vous – votre physique, votre personnalité – et votre style. La première qualité d'un vêtement doit être de vous mettre en valeur, et non l'inverse. L'élégance masculine n'a rien d'ostentatoire, mais se loge au contraire dans de discrets détails qui signalent l'homme de goût. La lavallière, la cravate ou l'ascot, mais aussi la doublure ou la dernière boutonnière de la manche peuvent ainsi être assortis aux couleurs du mariage, ou tout simplement être dans le ton de votre couleur fétiche. Une jolie idée pour le jour J : faites broder par votre tailleur ou votre retoucheur vos deux initiales, ou la date de la cérémonie, sur le revers du col ou de la manche. Côté coupe, faites votre choix en fonction de votre morphologie et non des dernières tendances. Si vous mesurez moins de 1,80 m, la redingote est à proscrire, tandis qu'une veste cintrée et un col étroit vous grandiront. Un conseil d'ami : demandez à prendre des photos lors des essayages (ou faites-le discrètement dès que le vendeur aura le dos tourné) et regardez-les à tête reposée.

★ **En termes de couleurs,** si le gris perle et le bleu sont les choix classiques, tout est permis, ou presque. Même le noir, longtemps boudé pour les mariages, fait son grand retour – et non, bien accessoirisé, cela ne fait pas enterrement, quoi qu'en dise votre grand-mère. Faites-vous plaisir et n'écoutez pas les rabat-joie qui

SE FAIRE BEAUX

veulent vous imposer un style « parce que ça se fait » ! L'époque où la seule latitude du marié se résumait à choisir la couleur de sa lavallière est (heureusement) révolue. Rock, façon Jamie Hince lors de son mariage avec Kate Moss, dandy campagnard en costume trois-pièces à carreaux, ou marié champêtre en nœud papillon Liberty, l'éventail des possibilités est large, tout dépend de vos goûts.

★ *« La modernité s'exprime de plus en plus par le costume trois-pièces* de couleur sombre, souvent noir ou gris plomb, en satin de laine. La chemise se porte blanche ou ivoire et la cravate se doit de rester étroite, sobre ou de couleur pour décaler la silhouette », détaille Sophie Samson. « Pour les mariés plus audacieux, un smoking de velours lisse et surtout un nœud papillon sont à porter avec une bonne dose de second degré. Et, pour une silhouette épurée et atemporelle, un costume trois-pièces bleu nuit ». Évitez simplement les rayures sur la chemise, la cravate et le costume, trop connotées « boulot » selon Michaël Ohnona, tailleur sur mesure.

N'oubliez pas d'accessoiriser votre tenue

Là encore, le diable se cache dans les détails : pensez à harmoniser les cuirs (chaussures, ceinture) et les métaux (alliance, montre, boutons de manchette). S'il n'y avait qu'un achat à faire pour votre mariage, ce serait une belle paire de chaussures ! Les experts le savent : cela peut sauver ou ruiner une tenue. Pensez à les porter chez vous quelques fois avant pour les faire, mais évitez de les mettre dehors si elles sont neuves. À défaut d'investir dans une nouvelle paire, le minimum vital, c'est qu'elles soient parfaitement cirées. Offrez-vous une belle patine ou un glaçage. Ces techniques permettent de redonner une nouvelle jeunesse à vos souliers ou de créer un reflet plus sophistiqué. N'hésitez pas à vous amuser, surtout si vous avez opté pour un costume classique : chaussettes ou lacets de couleur, boutons de manchette funky, nœud papillon coloré…

Voici un petit glossaire pour savoir quoi porter à votre cou au moment de vous faire passer l'anneau au doigt.

➜ ASCOT ET LAVALLIÈRE

Ces sortes de cravates courtes et symétriques se nouent autour du cou. La différence entre les deux est ténue et réside dans la taille du centre une fois nouée. Les deux se portent exclusivement avec une jaquette gris perle, sur une chemise à col cassé.

➜ LA CRAVATE

Véritable accessoire de mode, sa forme varie en fonction des tendances : courte et large dans les années 1970, imprimée dans les années 1980, colorée dans les années 1990… Aujourd'hui, la mode est plutôt à la cravate fine. Choisissez-la d'abord en fonction de votre physique : slim si vous êtes fin et élancé, d'une largeur classique (environ 8 cm) si vous êtes plus corpulent. Côté couleurs, vous avez le choix, mais, de grâce, évitez le noir (réservé aux soirées branchées et aux enterrements), la cravate fantaisie (qui n'aurait jamais dû survivre aux années 1980) et le blanc (laissez-le à votre fiancée). La cravate peut se nouer de trois façons : nœud simple (si vous êtes svelte), double ou windsor (si vous êtes corpulent).

→ LE NŒUD PAPILLON

Longtemps considéré comme ringard, ce dérivé de la cravate effectue son retour en grâce depuis quelques années. Moderne, dandy et tendance, on le voit de plus en plus dans les mariages, et de jeunes créateurs comme Balzac Paris ou Laurent Desgrange en proposent des collections dans des tissus frais et originaux. Vous le trouverez en deux versions : déjà noué (c'est de la triche, mais c'est bien pratique), il s'attache avec une petite boucle dans le cou, ou à nouer vous-même. Si cette dernière option est plus élégante, elle peut se révéler, disons… plus délicate, alors n'hésitez pas à vous entraîner.

Pour savoir où acheter votre costume et vos accessoires, consultez notre Carnet d'adresses p. 210.

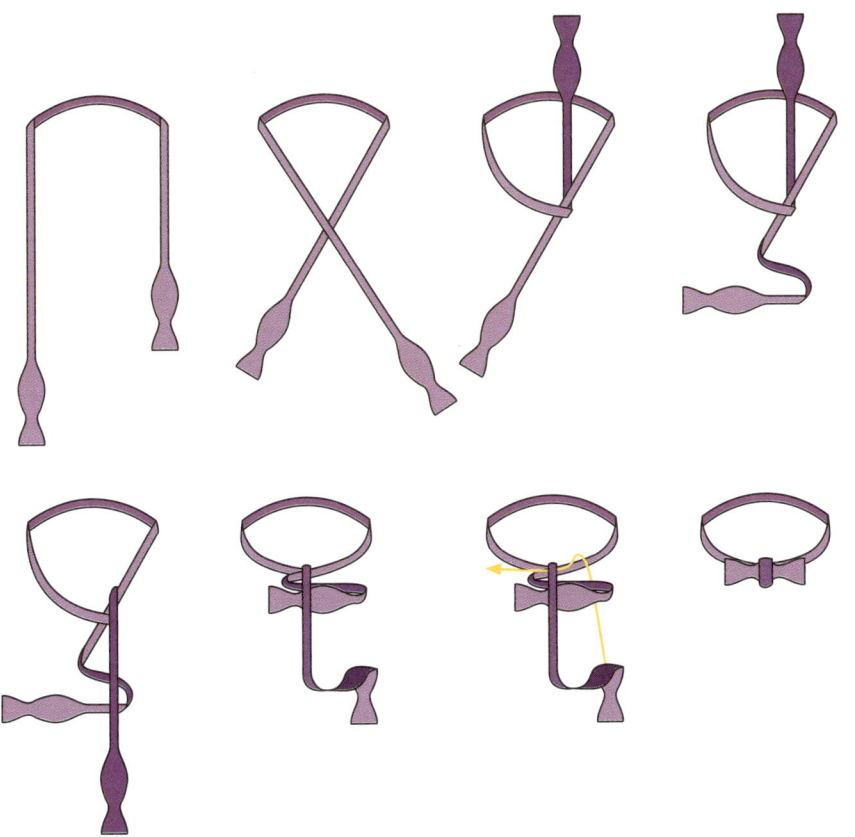

Se faire beau avant le jour J (soins, barbier...)

Certes, vous précipiter au spa n'est pas forcément le réflexe que vous aurez avant le mariage. Mais un brin de toilette ne peut pas faire de mal, voire se révéler très agréable. Quelques idées pour arriver nickel le jour J.

★ *Un massage :* si vous n'y avez jamais goûté, c'est le moment ! À programmer la semaine qui précède pour arriver complètement détendu.

★ *Une bonne coupe de cheveux :* une fois n'est pas coutume, offrez-vous un bon coiffeur pour éviter la coupe tondeuse.

★ *Un tour chez le barbier :* avec le grand retour de la barbe, on a vu réapparaître des barbiers à l'ancienne dans les quartiers branchés. L'occasion de vous offrir ce plaisir ineffable d'être rasé de près ou d'avoir la barbe taillée à la perfection.

★ *Un soin du visage :* non, ce n'est pas réservé aux filles ! De plus en plus d'instituts proposent des soins spéciaux pour les hommes.

★ *Une épilation des sourcils :* si vous avez les sourcils assez fournis et indisciplinés, un petit passage en institut les rendra plus nets et donnera de la force à votre regard.

★ *Une manucure :* non, ne partez pas en courant, nous ne sommes pas en train de vous proposer de débarquer à votre mariage les ongles peints en rouge ! Vos mains vont être au centre de l'attention et des photos toute la journée, une remise au propre ne leur fera pas de mal.

3. Les parents des mariés

S'il y a d'autres stars après les mariés eux-mêmes, ce sont bien leurs parents. Entre l'envie de vous faire honneur et celle d'assurer auprès des autres invités, inutile de vous dire qu'ils ont la pression. Pour les aider, nous avons rédigé un petit guide de survie à leur intention.

➜ LES MAMANS, NI TOO MUCH NI RINGARDE, COMMENT CHOISIR VOTRE TENUE ?

Mesdames, nous allons être honnêtes : en tant qu'heureuses génitrices des héros du jour, vous êtes en première ligne. Le challenge n'est pas aisé à relever : il s'agit de trouver une tenue dans laquelle vous serez mise en valeur sans voler la vedette aux mariés, élégante sans être déguisée, chic sans être empesée. Pour commencer, tordons le cou à quelques idées reçues.

✔ *La robe longue :* à moins d'un mariage en grande pompe, cela ne se fait plus trop.

✔ *Le chapeau :* il n'a rien d'obligatoire et peut être remplacé par un joli bijou de cheveux. Ils sont très à la mode depuis quelques saisons et vous en trouverez plein dans le commerce : les *headbands* sont très faciles à porter sur les cheveux longs, mais préférez les clips ou barrettes ouvragées sur les cheveux courts. Si vous optez pour le couvre-chef, attention aux photos en plein soleil, où votre visage sera à moitié dans l'ombre. Privilégiez les modèles qui dégagent le devant du visage. Enfin, évitez l'effet « pièce montée » et contentez-vous d'une hauteur raisonnable, on n'est pas aux courses !

✔ *Le tailleur :* c'est l'option classique. Toutefois, rien ne vous empêche de le troquer contre une robe courte (mais pas au-dessus du genou, soyons raisonnables) ou même un joli pantalon. Les robes années 1950 par exemple, cintrées à la taille et évasées en corolle, sont féminines, flatteuses et faciles à porter.

✔ *Le pantalon :* il a toute sa place dans la garde-robe de la MDM (maman du mariée/de la mariée). Si vous passez l'année en jean, vous serez certainement plus à l'aise en pantalon qu'en petite robe ! Un pantalon blanc à la coupe masculine avec un beau chemisier en soie et une veste paletot, le tout accessoirisé d'une manchette et d'une pochette de couleur vive, sera parfait. Si vous optez pour un pantalon noir, choisissez une veste de couleur vive ou claire – pourquoi pas une veste kimono dans un tissu japonais, par exemple.

★ *Comment choisir ?* Seules deux couleurs sont interdites : le blanc, réservé à la mariée à moins de vouloir passer pour une rivale en puissance, et le total look noir, trop sinistre. Sinon, tout est permis, mais partez plutôt sur des couleurs qui flattent votre carnation. Si vous avez écumé sans succès vos adresses habituelles, demandez à vos copines qui ont marié leurs enfants récemment où elles se sont fournies. Enfin, faites-vous accompagner par une amie ou un proche honnête et de bon conseil.

SE FAIRE BEAUX

➜ LES PAPAS, ÊTRE CHIC ET CHOC

Pour vous, messieurs, c'est assez simple : vous devez d'abord vous aligner sur le marié. Hors de question de mettre une jaquette s'il n'en porte pas, et inversement. S'il est en costume trois-pièces, vous pouvez vous assortir, mais un costume deux-pièces fera également très bien l'affaire. Dans la mesure du possible, essayez d'être raccord au niveau de la couleur. Toutefois, si le futur époux a opté pour des carreaux anglais et que vous détestez cela (où diable a-t-il bien pu pêcher cette idée ?), un beau gris ou un bleu marine classique sera parfait. Côté cravate, pochette ou lavallière, enquêtez auprès des mariés : est-ce qu'ils ont prévu une couleur ? Si oui, ce sont généralement eux qui se chargeront de l'achat. Si non, faites-vous plaisir, tout en gardant en tête que vous ne devez pas voler la vedette au marié. Enfin, une belle paire de chaussures bien cirées compléteront votre tenue.

4. Les enfants du cortège : bien les habiller à un prix raisonnable

Dernière pièce maîtresse de votre équipage : le cortège des enfants d'honneur. Pour le casting, sélectionnez-les parmi vos cousins, vos neveux et nièces, les enfants de vos amis ou les vôtres tout simplement. Quatre à huit enfants suffisent, au-delà, cela risque de virer à la cour d'école. L'âge idéal : de 5 à 10 ans. Plus jeunes, ils risquent d'être difficiles à canaliser ; plus âgés… c'est moins mignon !

★ *Les boutiques de vêtements pour enfants* proposent des tenues adorables à des prix très abordables. Certaines possèdent même des lignes « cortège ». Vous n'aurez que l'embarras du choix. Il existe également des magasins et des créateurs spécialisés, dont plusieurs sont accessibles en ligne, mais cela vous reviendra plus cher, environ 100 euros la tenue. Consultez notre Carnet d'adresses p. 210.

★ *Ne vous y prenez pas trop à l'avance* (les enfants grandissent très vite !). Optez pour des tenues pratiques (les enfants, ça bouge beaucoup !). Enfin, misez sur les accessoires. Pour les petits gars, pensez aux bretelles ou au nœud pap', que vous pourrez choisir de la même couleur que la cravate du marié. Quant aux petites filles, une ceinture, une couronne de fleurs fraîches, un petit bouquet ou un moulin à vent viendront joliment compléter une simple petite robe.

> ### *Pour votre sécurité, pensez au point de rupture.*
>
> Si vous pratiquez souvent des activités à risque telles que le bricolage, la voile, l'escalade... bref, toutes celles où vous pourriez accrocher votre alliance et vous faire arracher un doigt, pensez au *point de rupture*. Il s'agit tout simplement d'une petite entaille pratiquée à l'intérieur de l'anneau qui permettra que celui-ci se rompe en cas de forte traction. Ce qui est embêtant, certes, mais beaucoup moins que de perdre un doigt ! Si l'on vou regardera avec des yeux ronds dans la plupart des grandes enseignes, un petit bijoutier artisan devrait vous le faire sans problème.

Qui paie ?

Les mariés. Si vous n'avez pas le budget, donnez juste un dress code simple aux parents et achetez les accessoires pour qu'ils soient assortis.

5. Les alliances

Si elle est moins mise en avant que la bague de fiançailles, l'alliance n'en est pas moins un achat important qui mérite réflexion.

Voici nos conseils pour les choisir.

✔ **Pensez à l'harmonie avec la bague de fiançailles.** Tel votre couple, vous avez envie que ce binôme fonctionne bien : l'alliance doit mettre en valeur la bague de fiançailles et non l'inverse. De nombreux bijoutiers proposent des duos assortis.

✔ ***Soyez honnête avec vous-même :*** votre alliance ne quittera pas votre doigt, elle doit donc être adaptée à votre mode de vie. Un modèle très fin avec des petits brillants sera forcément plus fragile qu'un demi-jonc classique en or ou en platine. Certes, vous avez toujours l'option de l'enlever... mais c'est le meilleur moyen de la perdre.

✔ ***Adaptez-vous à votre budget*** (et non l'inverse). Si vous savez que vous ne pourrez pas mettre plus de 200 euros, inutile de vous faire du mal en allant lorgner les vitrines de Tiffany. Rendez-vous chez les petits bijoutiers de quartier et sur Internet. Contrairement à ce que l'on croit, faire réaliser son alliance chez un artisan bijoutier peut se révéler bien plus intéressant que de l'acheter chez un grand nom de la joaillerie – la marque se paie toujours.

✔ *Prenez le temps de vous habituer.* Ce conseil vaut surtout pour vous, monsieur, qui avez a priori moins l'habitude de porter une bague que votre fiancée. Ne vous précipitez pas, essayez plusieurs modèles et voyez ce qui vous convient. Cela risque de vous paraître très bizarre au début… Jusqu'au jour où ce sera le fait de l'enlever qui semblera étrange !

★ *Bon à savoir :* les modèles bombés à l'intérieur sont généralement plus confortables.

✔ *Choisissez des alliances assorties… ou non !* La tradition veut que les alliances des deux mariés soient assorties ou, *a minima*, composées du même métal pour symboliser leur union. Cela n'est en rien une obligation ! N'écoutez pas les oiseaux de mauvais augure : l'important, c'est que vous soyez heureux de la voir à votre doigt.

Les Mariés sur le Divan

**Comment assumer mes complexes
et me trouver canon le jour J ?**

Mettez tous les atouts de votre côté pour être à l'aise : robe, coiffure et maquillage qui vous subliment tout en camouflant vos petits défauts. Rappelez-vous que c'est votre visage radieux que les invités retiendront, pas vos bras dodus. Enfin, pourquoi ne pas organiser une séance photo en amoureux avant le jour J, histoire de voir à quel point vous êtes jolie lorsque vous souriez à votre futur mari ? (voir « Immortaliser », p. 172).

**Je ne porte jamais de costume,
car j'ai peur d'avoir l'air d'un pingouin.**

Si vous passez votre vie en jean-tee-shirt, certes, il va falloir faire un effort, mais vous n'êtes absolument pas obligé de porter une jaquette. Commencez par choisir un costume adapté à votre morphologie, essentiel pour être à l'aise. Allez plutôt vers des couleurs claires, voire des carreaux anglais, pour éviter le côté « pingouin ». Ensuite, jouez avec les accessoires pour casser l'aspect solennel : bretelles, nœud papillon… Pour le côté décalé, pensez aux Converses – flambant neuves, il ne s'agit pas de faire négligé !

FICHE PRATIQUE
Kit de survie des mariés

Parce que le jour J, vous aurez du mal à vous échapper discrètement pour aller chercher du déodorant, mieux vaut prévoir un petit kit de survie qui vous permettra de parer à toutes les éventualités. À confier à vos témoins, à vos parents ou à vos frères et sœurs.

POUR ELLE

- un miroir de poche
- du papier matifiant
- une petite trousse de maquillage
- des épingles à chignon
- des chewing-gums
- un déodorant ou des lingettes rafraîchissantes
- une paire de chaussures plates pour la soirée
- des lunettes de soleil
- une étole ou un gilet
- du fil dentaire
- des mouchoirs
- un mini-kit de couture
- des épingles à nourrice
- des pansements (notamment pour les ampoules)
- l'accessoire pour la séance photo de couple
- le livret de cérémonie et le texte de votre discours
- votre téléphone portable

POUR LUI

- des chewing-gums
- du déodorant
- des mouchoirs
- le livret de cérémonie et le texte de votre discours
- votre téléphone portable

FICHE PRATIQUE

Une barrette et un nœud papillon pour vos enfants d'honneur
Par Marie du blog *La Belle Bobine* (www.labellebobine.com)

Il vous faut :
- ✔ une paire de ciseaux
- ✔ une règle
- ✔ une barrette
- ✔ un élastique
- ✔ un guide pour retourner (en mercerie)
- ✔ un coupon de tissu de votre choix

Mode d'emploi

1. Découper 3 rectangles dans le coupon de tissu (voir schémas).

2. Plier en 2 les rectangles de tissu. Coudre les bords. Positionner l'élastique sur le tour de cou comme sur le schéma, puis faire un point de couture.

3. Repasser les triangles, puis couper les coins en biais sans abîmer la couture. Avec le guide à retourner ou une épingle, retourner les 3 coupons comme des chaussettes puis repasser.

4. Plier le grand rectangle en 3 en accordéon, puis l'entourer avec le serre nœud et fixer avec un point. Pour le nœud papillon, coudre les 2 extrémités de la bande élastique ensemble et fixer le nœud au niveau de la couture. Pour la barrette, glisser une barrette métallique dans le serre nœud.

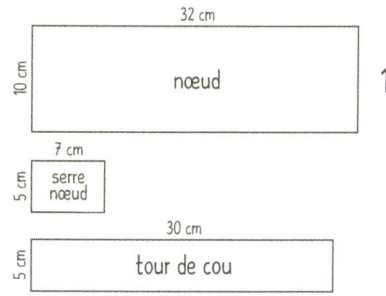

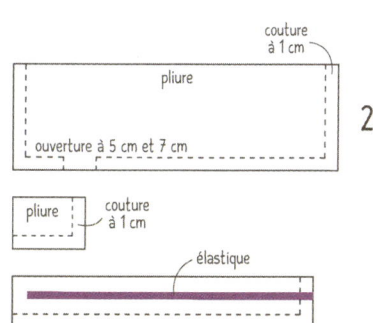

CÉLÉBRER

SE DIRE OUI !

Que ce soit le passage à la mairie – incontournable – ou la célébration religieuse ou laïque, la cérémonie est LE temps fort de votre mariage, qui consacrera votre union, ainsi que le début de votre nouvelle vie en tant que mari et femme (et sonnera l'ouverture des festivités, enfin !).

1. La cérémonie civile

Ce n'est certainement pas la partie la plus fun, ni la plus romantique des préparatifs, mais c'est sans aucun doute la plus essentielle. Pas de panique, même si vous êtes allergique aux démarches administratives, vous verrez, ce n'est pas bien méchant. Entre le traiteur et le fleuriste, ça passera tout seul !

Les démarches administratives

En France, pour se marier, il faut être âgé d'au moins 18 ans (art. 144 du Code civil) et ne pas avoir de lien de parenté. Les mineurs peuvent se marier, mais uniquement avec l'accord des parents. Et deux personnes de même sexe peuvent désormais se marier.
Un dossier est à retirer dans la mairie de la commune où sera célébré le mariage.
Il peut s'agir, au choix, de la commune où l'un des deux futurs époux a :
★ *son domicile ;*
★ *sa résidence, à condition qu'il y habite depuis au moins un mois.*
Pour certaines mairies, le fait que les parents soient domiciliés dans la commune suffit.

→ LES PIÈCES À FOURNIR

Pour chacun des futurs époux :
- ✔ *une attestation sur l'honneur de célibat ou de non-remariage ;*
- ✔ *une pièce d'identité ;*
- ✔ *un justificatif de domicile ou de résidence ;*
- ✔ *une copie intégrale de l'acte de naissance de moins de trois mois* (moins de six mois si vous êtes né à l'étranger).

Pour les deux :
- ✔ *un certificat du notaire si les époux établissent un contrat de mariage* (contrat qu'il faudra remettre en mairie avant la cérémonie) ;
- ✔ *la liste des témoins* (en précisant leurs nom, prénom, date et lieu de naissance, profession, domicile). Il en faut deux au minimum et quatre au maximum ; ceux-ci doivent impérativement être majeurs ;
- ✔ *d'autres pièces spécifiques peuvent être réclamées pour les étrangers* (voir avec la mairie et le consulat) ou dans certaines situations familiales particulières (veuf, mariage d'un mineur).

Quand s'y prendre ?

Tout dépend du lieu et de la date du mariage. Si vous décidez de vous marier au mois de juin à Paris, mieux vaut vous y prendre un an à l'avance. En revanche, si vous prévoyez de vous dire oui dans un petit village du Gers au mois de novembre, vous avez tout votre temps. Attention, si certaines mairies acceptent de réserver la date avant que le dossier soit complet, d'autres exigent tous les papiers.

La publication des bans

En France, la mairie concernée (ainsi que celle(s) où sont domiciliés les futurs époux) doit afficher l'annonce du mariage sur leur porte au minimum dix jours avant la date. L'objectif est de permettre à celui ou celle qui connaîtrait un empêchement au mariage de s'y opposer. En France, impossible de faire un coup de théâtre le jour J en se manifestant juste avant le oui, comme dans les comédies romantiques américaines. Si personne n'a rien dit après la publication des bans, vous pouvez respirer !

Le déroulé

De plus en plus de couples préférant se contenter du mariage civil, certaines mairies proposent aux futurs époux d'aménager la cérémonie, jugée parfois trop expéditive (entre quinze et vingt minutes chrono) : musique d'entrée et de sortie, discours, lecture de textes. Elles les laissent également libres d'échanger leurs alliances devant monsieur le maire.

Pour plus de détails et pour les dernières mises à jour, rendez-vous sur : http://vos-droits.service-public.fr/N142.xhtml

Régimes légaux et contrats de mariage

Vous avez le sourire du matin au soir, vous pensez pièce montée, robe fourreau, costume trois-pièces et soirée dansante. Bref, vous avez tout sauf envie de vous projeter dans des perspectives plus désagréables que sont le divorce, le décès et les problèmes financiers. Et pourtant, il va falloir vous y mettre, car c'est dans ces situations que le régime matrimonial que vous aurez choisi prendra tout son sens. Petit tour d'horizon.

➜ SE MARIER SANS CONTRAT : LE RÉGIME DE LA COMMUNAUTÉ RÉDUITE AUX ACQUÊTS

C'est le régime matrimonial français par défaut. Autrement dit celui auquel vous serez soumis si vous n'effectuez aucune démarche.

★ Dans ce cas de figure, tout ce que chacun possède avant le mariage reste sa propriété personnelle, tout comme les biens qu'il reçoit par donation ou succession pendant le mariage. Ce sont les biens propres. En revanche, les biens acquis par les époux pendant le mariage, ainsi que les revenus (notamment ceux résultant du travail) sont communs. C'est ce qu'on appelle « acquêts ».

★ Chacun des époux gère et dispose de ses biens propres, ainsi que des biens communs, exception faite des opérations importantes qui devront recueillir la signature de chacun.

★ Chacun des époux est solidaire des dettes de l'autre, à condition que celles-ci aient été contractées pendant le mariage.

★ En cas de divorce ou de décès, chacun reprend ses biens propres et les biens communs sont séparés en deux parts égales.

➜ LA COMMUNAUTÉ RÉDUITE AUX ACQUÊTS AVEC AMÉNAGEMENTS

Les époux peuvent, par contrat, modifier certaines clauses du régime légal de la communauté réduite aux acquêts, en convenant par exemple qu'en cas de décès de l'un des époux, l'autre hérite en totalité des biens de la communauté.

➜ LA COMMUNAUTÉ UNIVERSELLE

Pour faire simple, en faisant ce choix, les époux mettent en commun tous leurs biens, qu'ils soient acquis avant ou pendant le mariage. Y compris les héritages et les donations. En cas de décès d'un des deux époux, la communauté est divisée en deux et la part du conjoint décédé revient à ses héritiers, sauf si le couple a inséré une clause d'attribution intégrale. Celle-ci permet au conjoint survivant de devenir seul propriétaire de l'ensemble des biens communs. Et ce, sans droit de succession.

➜ SÉPARATION DE BIENS

Ce régime exclut toute idée de communauté. Chaque conjoint conserve la propriété, l'administration, la jouissance et la libre disposition de ses biens personnels comme s'il était célibataire. Et ce, qu'ils aient été acquis avant ou pendant le mariage, qu'ils proviennent d'un héritage, d'une donation, de revenus propres ou d'investissements. Chacun reste responsable de son patrimoine et de ses dettes, notamment profession-

nelles. Un créancier ne pourra se servir dans le patrimoine du conjoint en cas de poursuite. C'est donc un régime particulièrement intéressant en cas de profession libérale.

→ **PARTICIPATION AUX ACQUÊTS**

Ce régime est un mélange entre le régime de la communauté réduite aux acquêts et la séparation de biens. Pendant la durée du mariage, les époux gèrent leur patrimoine respectif comme s'ils étaient célibataires. Mais, à la dissolution du mariage (en cas de divorce ou de décès), on évalue les acquêts de chacun. C'est-à-dire à quelle hauteur l'un et l'autre se sont enrichis pendant le mariage. Celui dont les acquêts sont inférieurs a droit à une « créance de participation », soit la moitié de la différence entre la valeur des deux patrimoines.

Comment établir un contrat de mariage ?

À l'exception du régime de la communauté réduite aux acquêts, tous les régimes décrits ci-dessus nécessitent la rédaction d'un contrat de mariage. Avant de vous décider, prenez rendez-vous avec un notaire qui pourra vous conseiller en fonction de votre âge, de votre situation personnelle et de votre patrimoine. Si vous souhaitez franchir le pas, il vous aidera à rédiger le contrat. Les frais varient en fonction de l'importance et de la nature des biens mentionnés. Ils comprennent les émoluments du notaire, les frais de procédure et de publicité, ainsi qu'un droit fixe de 125 euros.

Sachez toutefois qu'après deux ans de mariage, les époux peuvent conjointement changer ou modifier certaines clauses de leur contrat. Mais attention, plus le patrimoine est important, plus les frais sont élevés.

2. Se marier religieusement

Quelle que soit votre confession, vous ne pourrez être mariés religieusement qu'une fois passés devant monsieur le maire. Le célébrant vous réclamera un certificat de mariage avant de procéder à la cérémonie.

➜ LE MARIAGE CATHOLIQUE

Dans la religion catholique, le mariage est un sacrement qui se fait en présence d'un prêtre ou d'un diacre. Pour pouvoir y prétendre, il faut qu'au moins l'un des deux époux soit baptisé. Les témoins, eux, peuvent être de toute confession ou athées. Avant le mariage, les futurs époux doivent suivre des sessions de préparation avec le prêtre, mais aussi avec des mariés animateurs. Le jour J, ils peuvent opter pour une bénédiction (entre trente et quarante-cinq minutes) ou une messe (entre une heure et une heure et demie). Le déroulé est similaire, la messe comporte simplement la liturgie eucharistique en plus. Le mariage se déroule dans une église. Il ne peut avoir lieu en plein air que très exceptionnellement, si un prêtre ou un diacre ami de la famille accepte de célébrer l'union à l'extérieur, avec l'accord du curé de la paroisse.

➜ LE MARIAGE ORTHODOXE

Les orthodoxes peuvent se marier avec un autre chrétien non orthodoxe, à condition qu'il soit baptisé. Et, contrairement à l'église catholique, elle accepte les divorcés.

Avant le mariage, le prêtre orthodoxe (pope) reçoit les futurs époux deux ou trois fois et ils définissent ensemble la date du mariage en fonction du calendrier liturgique. La célébration commence par l'office des fiançailles, qui se déroule à l'entrée de l'église (la cérémonie ne peut avoir lieu en plein air), puis elle se poursuit avec l'office du couronnement des mariés, qui se tient au milieu de la nef.

➜ LE MARIAGE PROTESTANT

Les Églises protestantes préfèrent parler de « bénédiction nuptiale » : pour elles, le mariage n'est pas un sacrement, le mariage civil suffit. D'ailleurs, lors de la bénédiction nuptiale, qui se déroule au temple, mais qui peut aussi avoir lieu à l'extérieur, les époux entrent ensemble dans le temple, car l'Église protestante considère qu'ils sont déjà mariés. Un protestant peut s'unir à une personne non baptisée et même épouser une personne divorcée. Certaines Églises protestantes proposent en complément des sessions de préparation à la vie de couple, mais trois ou quatre rencontres avec le pasteur pour préparer la cérémonie suffisent.

➜ LES TRADITIONS JUIVES

Le mariage juif se déroule, en principe, dans une synagogue, mais vous pourrez facilement obtenir une dérogation pour une célébration à l'extérieur. L'important étant la présence d'un dais nuptial (houpa) qui symbolise la nouvelle demeure du couple et la protection divine. En revanche, les deux époux, ainsi que les deux témoins (qui ne peuvent être de proches parents), doivent être de confession juive. Autre restriction : le mariage ne peut être célébré le jour du shabbat (il a donc lieu habituellement le dimanche), ni un jour de fête, ni pendant la période de l'Omer. Il n'y a pas de préparation avec le rabbin, puisque celui-ci ne « marie » pas le couple. Il veille simplement à ce que les rites soient respectés. À la fin de la cérémonie, les jeunes mariés se voient remettre la kétouba, qui vaut contrat en Israël, mais qui, en France, n'a qu'une valeur religieuse.

➜ LES TRADITIONS MUSULMANES

Pour les musulmans, le mariage n'est pas un sacrement, mais un contrat juridique. C'est le nikah (contrat) qui fixe le montant de la dot que recevra l'épouse et qui restera ensuite sa propriété. Au cours des festivités, hommes et femmes sont toujours séparés. Si l'homme a le droit d'épouser une juive ou une chrétienne, mais pas une athée, la femme, elle, doit impérativement épouser un musulman. La cérémonie, qui n'est pas véritablement une célébration religieuse, se tient au choix chez les parents de la mariée, dans une salle ou parfois à la mosquée. Elle est menée par un cadi (un juge musulman), un imam ou n'importe quel autre musulman. Mais sachez que les coutumes du mariage dans l'Islam diffèrent selon le contexte et les pays.

3. Se marier autrement : les cérémonies laïques

Parce que vous êtes de confessions différentes ou que vous n'êtes pas croyants, vous n'envisagez pas de vous marier religieusement. Mais l'idée de vous contenter d'un passage – souvent expéditif et un peu aride - devant Monsieur le Maire ne vous fait pas rêver… Comme de plus en plus de jeunes mariés, vous rêvez d'un mariage empreint de sens, d'émotion et de symbolique, sans toutefois vous reconnaître dans les institutions religieuses. La cérémonie laïque est faite pour vous !

Qu'est-ce qu'une cérémonie laïque ?

Par définition, une cérémonie laïque est une cérémonie de nature non religieuse. On peut en organiser pour tous les événements importants de la vie : mariage, naissance, deuil… Contrairement à une cérémonie religieuse, elle n'est pas codifiée. Chacun peut y mettre ce qu'il souhaite et l'organiser librement pour construire une célébration à son image. Aussi appelée cérémonie d'engagement dans le cas d'un mariage, elle revêt une véritable dimension spirituelle et symbolique, reflétant les valeurs du couple et leur vision du lien conjugal.

✔ **Attention,** comme le mariage religieux, la cérémonie laïque est dépourvue de valeur légale. Un oui à la mairie reste donc une étape obligée pour entériner votre union à l'état civil !

Construire le déroulé de la cérémonie

L'avantage, et l'inconvénient, d'une cérémonie laïque, c'est que tout est à inventer. Cette formidable liberté peut être déroutante de prime abord : pas évident de savoir par où commencer ! Pour vous aider à défricher le terrain, trois livres font figure de

CÉLÉBRER

références : *Notre mariage : se marier autrement - Comment inventer une cérémonie civile ou religieuse* de Florence Servan-Schreiber (Marabout), *Cérémonies laïques* d'Anne Delacour et Urielle Baubion et *Mariages, cérémonies sur mesure* de Jeltje Gordon-Lennox (éditions Labor et Fides). Outre des conseils et des exemples concrets, les auteurs y livrent un tour d'horizon des traditions et des symboles du mariage à travers le monde, qui peuvent être une formidable source d'inspiration.

Avant de vous lancer dans l'organisation concrète de votre cérémonie, interrogez-vous à deux sur le message que vous souhaitez véhiculer. Quelle signification revêt pour vous le mariage ? Quels en sont les fondements ? Comment voyez-vous votre cérémonie ? Quelles sont les valeurs de votre couple ? Comment souhaitez-vous associer vos proches ? N'hésitez pas à répondre chacun séparément, puis à confronter vos réponses ; vous pourriez être surpris ! Même si vous avez beaucoup à faire côté organisation, ne négligez pas cette étape. Comme pour une préparation religieuse, prendre ce temps de réflexion est à la fois salutaire pour mettre un peu de distance avec le stress des préparatifs, vous recentrer sur l'essence même du mariage et discuter de ces sujets en profondeur avec votre futur(e) époux(se)… histoire de vérifier que vous êtes en accord sur le fond, avant de vous écharper sur la couleur des pompons ! Une fois les grandes lignes définies, vous pouvez commencer à réfléchir à l'ossature de votre cérémonie. Il n'y a aucun schéma préétabli, mais voici un exemple de déroulé « classique » qui pourra vous aiguiller :

✔ *l'entrée des mariés* ;

✔ *l'introduction à la cérémonie* visant à en expliquer le principe et le déroulement aux invités, qui sont rarement familiers de ce genre de célébration. Elle est généralement faite par l'officiant ou le maître de cérémonie ;

✔ *la lecture de textes* par les parents, témoins, invités… Elle peut être rythmée par des musiques et des chansons. Vous pouvez choisir vous-même les textes, mais aussi demander à vos proches de s'en charger, et même de rédiger quelques lignes pour l'occasion s'ils sont à l'aise. Pour vous inspirer, nous en avons rassemblé une petite sélection (voir fiche pratique, p. 159), mais n'hésitez pas à chercher vos propres sources : écrivains préférés, livres que vous avez particulièrement aimés, chansons fétiches… ;

✔ *un ou plusieurs gestes symboliques* qui permettent de matérialiser l'engagement des mariés et l'implication de leurs proches. Quelques exemples : demander aux invités de planter un arbuste en amenant chacun une poignée de terre ou en venant l'arroser, entourer les mains des mariés d'un lien, faire boire les époux dans

un même verre… Pour vous inspirer, n'hésitez pas à piocher dans les traditions du mariage autour du monde ou à puiser dans vos héritages culturels respectifs ;

✔ *les vœux des mariés,* temps fort de la cérémonie. Vous pouvez les écrire ensemble, mais nous vous recommandons plutôt de garder la surprise pour le jour J. Découvrir les mots d'amour de celui qu'on aime devant ses proches est l'un des souvenirs les plus marquants d'un mariage…

Si vous souhaitez qu'il y ait une cohérence entre vos vœux et pour éviter l'angoisse de la page blanche, nous vous conseillons d'adopter une structure commune, sur laquelle chacun viendra ajouter ses mots. Par exemple : « Parce que… (complétez), je t'aime », puis « aujourd'hui, parce que je t'aime, je m'engage à… (complétez) » (peut être répété plusieurs fois). Prenez le temps d'écrire vos vœux au calme ; ne vous bloquez pas si les mots ne viennent pas tout de suite et laissez-vous la liberté d'y revenir plusieurs fois. Un conseil d'amie : dès que vous avez un bout de phrase en tête, que ce soit dans le métro ou au travail, notez-le dans un coin avant de l'oublier !

Côté durée, la cérémonie ne doit être ni trop courte pour laisser le temps aux invités de se mettre dans l'ambiance, ni trop longue, pour qu'ils ne décrochent pas. Idéalement, elle devrait durer trente à quarante-cinq minutes. Le mieux, si vous en avez la possibilité, est de faire comme les Américains en organisant une répétition générale avant

le jour J, qui vous permettra de caler les derniers détails et de vérifier le timing (bien entendu, cela n'empêche pas de garder le secret sur vos vœux).

Impliquer vos proches et choisir un officiant

Clé de voûte de votre cérémonie, l'officiant est crucial. C'est en effet lui qui donnera de la cohérence à la célébration, sera chargé d'en expliquer le sens et d'en véhiculer la dimension spirituelle et solennelle. Il s'agit notamment d'éviter que votre cérémonie ne soit interprétée comme un simulacre, mais bien comme une véritable célébration. Un sacré challenge !

★ Pour choisir votre officiant, vous pouvez vous tourner vers vos amis et témoins, frères et sœurs, parents. Impératif : la personne doit être à l'aise en public et, surtout, totalement en phase avec votre projet. Cela implique qu'elle vous connaisse bien en tant que couple et qu'elle adhère sans réserve à ce que vous souhaitez véhiculer à travers votre célébration. Prenez le temps d'en discuter en profondeur avec la personne concernée avant de vous engager plus avant, pour vous assurer qu'elle comprend bien la manière dont vous imaginez votre cérémonie.

★ La deuxième option consiste à faire appel à un officiant professionnel. Rompu à cet exercice, celui-ci pourra officier le jour J, mais aussi vous accompagner dans l'élaboration de votre cérémonie si vous le souhaitez (voir Carnet d'adresses, p. 210). Quelle que soit la solution choisie, l'essentiel est que vous ayez un bon feeling, indispensable pour partager un moment aussi intense et intime. Si ce n'est pas le cas, n'hésitez pas à changer d'officiant, ou vous risqueriez de le regretter fortement.

★ Au-delà du rôle d'officiant, il y a plein de manières d'impliquer vos proches dans la préparation et le déroulement de votre cérémonie : lecture de textes, chants, animations... À vous de voir en fonction des talents et des affinités de chacun. La seule règle, c'est de ne rien imposer. Si vous sentez que la personne n'est pas à l'aise, n'insistez pas ; le résultat risque d'être plus que mitigé. N'en faites pas une maladie – chacun donne ce qu'il peut !

Où organiser votre cérémonie laïque ?

Là encore, vous êtes totalement libres ! Si on l'associe souvent aux mariages en extérieur « à l'américaine », vous pouvez tout à fait choisir un lieu qui vous ressemble : théâtre, bibliothèque, ou même le jardin municipal où vous vous êtes rencontrés... N'hésitez pas à sortir des sentiers battus !

L'emplacement n'aura donc de limite que votre imagination... et quelques contraintes logistiques. Cela paraît évident, mais il faut que vous ayez la place et les moyens de faire asseoir tous vos invités. Chaises, bancs, bottes de paille (avec une couverture épaisse, sinon cela pique les fesses !), à vous de choisir, pourvu qu'il y en ait en nombre suffisant. Deuxième point important : veillez autant que possible à ce que l'ensemble des invités vous voie bien. Rien de plus agaçant que d'être coincé derrière un poteau ou un arbre et de n'avoir que le son sans l'image ! Pour cela, vous pouvez vous placer face à eux, assis sur un banc ou deux jolies chaises. Si vous êtes en extérieur, pensez à ménager des coins d'ombre pour vos invités les plus fragiles (femmes enceintes, personnes âgées, enfants en bas âge). De jolies ombrelles peuvent remplir cet office et sont en outre très décoratives ! Côté décoration, justement, faites jouer votre imagination : des rubans suspendus dans les arbres, une arche en bois décorée de fleurs, une allée tapissée de pétales, de gros bouquets de gypsophiles accrochés aux chaises...

À l'inverse, avoir l'image sans le son est tout aussi frustrant. Prévoyez donc de sonoriser votre cérémonie, surtout si vous êtes en extérieur : un micro et deux enceintes semblent un minimum pour s'assurer que vos invités ne perdent pas une miette de la célébration. Votre DJ devrait pouvoir s'en charger, sinon faites appel à un copain branché sono (voir « Animer » p. 160).

Enfin, on ne le redira jamais assez : si vous prévoyez une cérémonie en extérieur, ayez toujours un plan de repli en cas de pluie – tou-jours !

Les Mariés sur le Divan

Je veux garder mon nom de jeune fille, mais ça le gêne…

On a beau être au XXIe siècle, certains sont encore attachés à la tradition qui veut que la femme prenne le nom de son mari. Or, aujourd'hui, hommes et femmes peuvent l'un comme l'autre prendre le nom de leur conjoint, ou simplement l'adjoindre à leur nom de naissance. S'il fait des difficultés sur le sujet, demandez-lui s'il serait prêt à abandonner son patronyme pour le vôtre… Cela devrait le faire réfléchir ! Sinon, prenez le temps d'en parler : pourquoi est-ce si important pour lui ? Et pour vous ? Est-ce qu'un nom composé est une option envisageable ?

Nos familles sont de deux confessions différentes. Comment les impliquer dans notre cérémonie ?

Deux héritages religieux différents, des familles qui ne comprennent pas forcément le principe d'une cérémonie laïque : pas évident de se marier autrement ! Pour faire passer la pilule, il va falloir faire preuve de pédagogie. Expliquez patiemment, mais fermement, qu'il ne s'agit pas de renier votre patrimoine culturel mais, au contraire, de l'intégrer à votre nouvelle vie avec votre compagnon. Impliquez vos proches en leur proposant de lire un texte, par exemple, et n'hésitez pas à reprendre un symbole de chaque religion dans votre cérémonie. Vos familles seront certainement touchées.

FICHE PRATIQUE
Sélection de textes pour votre cérémonie

Parce qu'on ne sait pas toujours par où commencer, nous avons rassemblé ici une sélection non exhaustive de textes pour vous inspirer dans vos recherches pour votre cérémonie. Certains sont religieux, d'autres profanes. Vous les trouverez facilement sur Internet.

★ *Le Prophète* de Khalil Gibran

★ *Valeur* de Erri de Luca

★ *Le Jardinier d'amour* de Rabindranath Tagore

★ *Pour toi, mon amour* de Jacques Prévert

★ *Je connais des bateaux* de Marie-Annick Rétif

★ *Lettres à un jeune poète* de Rainer Maria Rilke

★ *Ca m'étonne toujours, dit Dieu* de Charles Péguy

★ *Le Nouveau Livre* de Martin Gray

★ *Lecture de la première lettre de saint Paul aux Corinthiens*

★ *Lorsque tu seras vieux* de Rosemonde Gérard

★ *Les Mots d'amour* de Bénabar (en adaptant la fin)

★ *Nous dormirons ensemble, Aimer à perdre la raison, Que serais-je sans toi ?* d'Aragon

★ *Ta petite flamme* d'Amélie-les-crayons

★ *Je suis bien* de K

ANIMER

CRÉER L'AMBIANCE ET LA BO DE VOTRE JOUR J

Nourrir ses invités, c'est bien ; soigner l'ambiance, c'est encore mieux ! Pour que vos convives passent un bon moment, il ne suffit pas de leur mettre un petit-four dans une main et une coupe de champ' dans l'autre. Il faut savamment rythmer la journée. Tout un art…

1. L'animation musicale : la BO de votre jour J

Solennelle, déjantée, romantique, la musique est un ingrédient indispensable de l'ambiance de votre journée.

Les moments à mettre en musique

Qui aurait cru qu'il fallait aussi penser à une chanson pour l'arrivée de la pièce montée ? Lors d'un mariage, il n'y a pas que l'entrée de la cérémonie à orchestrer. Certes, vous pouvez laisser Kevin-le-Dieu-des-platines décider pour vous, mais c'est à vos risques et périls…

➜ **L'ENTRÉE ET LA SORTIE DE LA MAIRIE**
De nombreuses mairies possèdent le matériel pour sonoriser votre entrée et votre sortie. Une manière efficace de casser le côté solennel. Pensez juste à vérifier avant la cérémonie que votre CD est compatible avec la platine de monsieur le Maire.

➜ LA CÉRÉMONIE

Chorale, orchestre, groupe, orgue ou tout simplement CD, il y a mille et une manières de sonoriser une cérémonie. N'hésitez pas à faire appel aux talents qui vous entourent ! Il n'y a rien de plus émouvant qu'une célébration mise en musique par des proches. Si vous vous mariez religieusement, vous serez restreints sur le choix des chants. Pensez à valider votre sélection avec le célébrant. Côté technique, les édifices religieux sont généralement bien équipés.

★ Si vous optez pour une cérémonie laïque, à vous la pop et le rock'n'roll ! En revanche, toute la sonorisation est à prévoir. Le plus simple, c'est d'en parler à votre DJ. Si le timing et les conditions techniques le permettent, il pourra utiliser les mêmes enceintes que pour la soirée, vous évitant ainsi un surcoût de location de matériel. Sinon, il vous aiguillera. Pensez par exemple que les chanteurs auront besoin de micros (pour le chant et pour les instruments) en plus des vôtres et de celui du célébrant (voir « Célébrer », p. 144).

➜ LE COCKTAIL

Pas question de donner le feu vert aux Ice Picks, le groupe heavy metal de votre frère de 18 ans – réservez-lui plutôt la fin de soirée. Pourquoi ne pas opter pour un orchestre de Jazz, une chanteuse de rythm and blues ou un groupe de mariachis ? Attention, cependant, à ne pas choisir une musique trop envahissante qui noierait les conversations. C'est l'un des moments où les convives échangent le plus. Jazz, musique lounge ou classique sont des options sûres.

➜ L'ENTRÉE DES MARIÉS

Que vous choisissiez d'entrer simplement comme Kate et William en agitant royalement la main ou, plus risqué, en dansant, marquez le coup ! Une musique entraînante mettra l'ambiance et vous donnera le sentiment d'être les rois du monde – une sensation fort agréable à éprouver au moins une fois dans sa vie !

➜ L'ARRIVÉE DE LA PIÈCE MONTÉE

Wedding cake, choux, buffet de gâteaux maison, si vous avez décidé de créer l'événement autour du dessert, une musique adéquate s'impose.

➜ L'OUVERTURE DU BAL

Valse à trois temps, rock endiablé, pop énergique, à vous de voir. Dans la grande tradition, la mariée ouvre le bal au bras de son père, qui la remet au bout de quelques mesures à son jeune époux. Si vous avez envie de combiner tradition et fiesta endiablée, copiez nos amis américains (oui, encore !) : ouvrez le bal sur une musique calme – Nat King Cole ou Nancy Sinatra, des valeurs sûres – et enchaînez sans transition avec une choré' maison sur une chanson qui donnera irrémédiablement envie à vos invités de vous rejoindre sur la piste. Pas besoin d'être John Travolta, votre bonne humeur suffira à mettre l'ambiance !

Quel type de prestataire choisir ?

Comme le traiteur, le prestataire chargé de l'animation musicale est une pièce maîtresse de la réussite de votre journée. Si vous ne voulez pas que vos invités aillent se coucher à minuit parce que le DJ passe Dance machine 12 en boucle, il va falloir s'impliquer un peu et passer en revue les différentes options.

➜ UN ORCHESTRE

Rien de tel que la musique live pour donner une ambiance unique. Parfait pour le dîner, le cocktail ou la cérémonie, le choix de l'orchestre peut se révéler un peu moins judicieux pour la soirée dansante : ce sont les seniors qui risquent de truster la piste.

➜ **UNE CHORALE**

Une idée qui remporte toujours un franc succès lors de la cérémonie. Un groupe de gospel, ça vous réveille une assemblée qui pique du nez dans le livret.

➜ **UN GROUPE**

L'avantage du groupe, c'est qu'il saura mettre le feu au dancefloor. Et pour cause, son répertoire est souvent plus large, et surtout plus dansant, que l'orchestre. En revanche, assurez-vous qu'il maîtrise aussi des titres plus soft pour le cocktail et le dîner. C'est un mariage, pas un concert.

➜ **UN DJ**

Polyvalent, le DJ s'adapte à toutes les situations. Il saura sonoriser votre cérémonie laïque en extérieur, pourra gérer les discours de vos proches, éventuellement même apporter le rétroprojecteur pour les films et les Power Point que vos convives auraient préparés. Pendant le dîner et le cocktail, il diffusera une ambiance cosy avec des musiques lounge et, après votre première danse, il variera aisément les styles. Enfin… dans l'idéal. Dans les faits, trouver un bon DJ relève parfois de la mission de haute voltige.

Comment choisir son prestataire ?

À moins d'être Cathy Guetta, le prestataire chargé de l'animation musicale est probablement, avec le traiteur, l'un des plus difficiles à recruter. Entre celui qui a raté sa carrière d'animateur de supermarché, celui qui organise des jeux alors qu'on ne lui a rien demandé, celui qui enchaîne les tubes de samba quand bien même on a précisé qu'on détestait la musique latine ou, au contraire, celui qui boycotte votre groupe préféré parce que Les Démons de minuit, « c'est ça qui marche dans les mariages ! »,

un DJ peut massacrer votre soirée. Surtout, ne vous y prenez pas à la dernière minute. Commencer les recherches un an à l'avance n'a rien d'incongru : avec le lieu et le photographe, recruter le DJ, groupe ou orchestre devrait faire partie de vos priorités. Commencez par faire fonctionner le bouche à oreille, allez sur les blogs « mariage » et les forums. Lorsque vous le rencontrerez, faites-le parler de son expérience, exposez vos souhaits de manière très claire (« si tu tentes de parler dans le micro, je te le fais personnellement avaler »).

★ Il doit vous écouter, faire des propositions qui vont dans votre sens et apporter des solutions techniques à votre situation. S'il vous prend de haut, vous explique que vous n'y connaissez rien et râle sur le moindre détail, prenez vos jambes à votre cou.

★ Pour le groupe, l'orchestre ou la chorale, c'est peu ou prou le même processus, le souci de l'animation en moins. En revanche, étudiez bien l'étendue de leur répertoire, quitte à vous mettre d'accord en amont sur une liste de chansons.

★ Dans les deux cas, le meilleur test reste d'aller les écouter en live. Demandez-leur s'ils ont des dates prévues ou s'il est possible de vous glisser un instant dans une soirée privée. C'est le moyen idéal pour se rendre compte de leur capacité à s'adapter à l'ambiance et au public, une qualité essentielle pour un mariage où l'audience est par définition hétérogène. S'ils varient les styles, tout en restant cohérents, s'ils savent relancer la soirée au moment où les convives mollissent, s'ils sont souriants et à l'écoute : foncez !

Le briefer

Pour que votre prestataire soit fin prêt, précisez-lui le style de votre mariage (champêtre, classique, décalé…) et détaillez le type de convives (« nous n'avons pas beaucoup de famille, mais une armée de potes perfusés à l'électro »). Cela lui permettra d'affiner sa sélection. Indiquez-lui également vos goûts musicaux et, très important, fournissez-lui une wish-list (chansons ou groupes incontournables pour vous) et une black-list (les morceaux que vous abhorrez). Aiguillez-le, mais faites-lui aussi confiance, s'il est professionnel, il saura sentir l'ambiance le jour J. Pour qu'il puisse mener sa mission au mieux, pensez à lui fournir un déroulé précis de la journée (voir « Planifier », p. 20), en indiquant quelle chanson vous souhaitez et à quel moment, mais aussi qui intervient, quand et avec quel type d'animation. Au besoin, mettez-le directement en contact avec l'un de vos témoins. Pensez également à vérifier qu'il possède les bonnes versions des chansons de votre wish-list. En cas de doute, gravez-lui un CD avec tous les morceaux incontournables de la journée, dans l'ordre, et assurez-vous qu'il peut le lire.

ANIMER

Assurer soi-même l'animation musicale

Votre budget est serré ou vous avez trop peur de recruter Jean Mimi le Roi de la Niiiiiiight, vous avez donc décidé de gérer seuls la musique. C'est tout à fait possible, à quelques conditions.

→ CRÉER UNE BONNE PLAYLIST

Vous pouvez prendre le parti de n'en prévoir qu'une pour toute la soirée. Dans ce cas, il vous faudra enchaîner de la musique feutrée pour le cocktail et le dîner, puis des chansons punchy pour entraîner un maximum d'invités sur la piste : salsa, rock, disco, pop… Variez les rythmes et les genres.

L'autre solution consiste à créer une playlist par ambiance musicale. Cela permet de s'adapter plus facilement au moment, mais il vous faudra recruter un invité pour jouer le rôle de DJ et switcher d'une playlist à l'autre en fonction de l'ambiance. Pour un effet encore plus pro, téléchargez un logiciel de mixage, comme DJ Mix Pro, qui génère automatiquement des enchaînements.

➜ QUEL MATÉRIEL PRÉVOIR ?

De nombreuses entreprises proposent des packs « soirée ». Ils comprennent une table de mixage, un ou plusieurs lecteurs de CD, un micro, au moins deux enceintes équipées d'amplificateurs, des pieds et des câbles (à partir de 100 euros pour 100 personnes). Évitez les entrées de gamme, il n'y a rien de pire qu'un son saturé. La puissance nécessaire se calcule en fonction du volume de la salle et du nombre de convives.

Pour économiser un peu, vous pouvez remplacer la table de mixage et le lecteur CD par un ordinateur, mais méfiez-vous du format MP3, il perd très vite en qualité lorsqu'on monte le son. Préférez le format .wav ou les CD. Enfin, n'oubliez pas les lumières. Elles participent largement à l'ambiance. Les sociétés qui louent des packs « son » proposent généralement des packs « lumière » (à partir de 70 euros), qui comprennent spots, jeux de lumières et boule à facettes.

✔ *Impératif :* pensez à tester le matériel et votre playlist sur place avant la soirée !

2. Créer des temps forts pour rythmer la journée

Si la musique est fondamentale, elle ne fait pas tout. Pour créer l'ambiance et marquer vos invités, rien de tel que de ménager quelques temps forts qui vont rythmer la journée.

➜ L'ARRIVÉE À LA CÉRÉMONIE

Soyons honnêtes, ce n'est pas tous les jours que vous allez débarquer sous les regards émus et éblouis de vos proches, vêtus de vos plus beaux atours. Autant soigner votre entrée. Les options classiques : voiture de collection ou calèche (gare au crottin !). Plus original : le tandem, un pousse-pousse, un taxi new-yorkais ou londonien, un combi Volkswagen des années 1970, un bus vintage… Pas de budget, mais envie de faire une entrée remarquée ? Arrivez en dansant ! Préparez une chorégraphie avec vos témoins et donnez-vous à fond.

➜ LA SORTIE DE LA CÉRÉMONIE

Traditionnellement, c'est sous les jets de riz ou de blé, symboles de fertilité et de prospérité, que l'on accueille les mariés. Si l'idée de jeter de la nourriture vous met mal à l'aise ou que vous n'avez pas envie que votre décolleté se transforme en garde-manger, d'autres options existent, comme les pétales de fleurs, poétiques et biodégradables, les grains de lavande, jolis et parfumés, ou les confettis, ultra-festifs et superbes sur les photos. Attention, certaines mairies ou églises l'interdisent au motif que cela représente un coût de nettoyage (ce n'est pas faux). Dans ce cas, pensez aux bulles de savon ou aux baguettes sur lesquelles vous aurez attaché des rubans de couleur (oui, comme à la GRS). Agitées en chœur par vos invités, elles produisent un effet très photogénique. Enfin, si vous voulez jouer la carte du spectaculaire, un lâcher de colombes ou de papillons marquera durablement les esprits.

➜ LE COCKTAIL

Magicien, caricaturiste ou barman jongleur sont des options classiques, mais qui peuvent vite virer au kitsch. On leur préfère les jeux anciens, très tendance, et qui permettent aux invités de sympathiser facilement.

➜ L'ENTRÉE DES MARIÉS AVANT LE DÎNER

Après l'arrivée à la cérémonie, l'entrée dans la salle est le deuxième temps fort de votre journée de stars. Et non, les serviettes qui tournent ne sont pas une fatalité si vous trouvez de quoi occuper les mains de vos invités : des cierges magiques (« sparklers » en anglais), des baguettes enrubannées (voir un peu plus haut), des ballons… Autre idée : mettez vos témoins et amis à contribution pour organiser une flashmob surprise.

→ LA SOIRÉE

Notre coup de cœur : les lanternes thaïes à laisser s'envoler dans la nuit en faisant un vœu. Un moment magique que vos invités ne sont pas près d'oublier, moyennant quelques contraintes : un vent de moins de 5 km/h et un espace dégagé. Évidemment, interdiction formelle de le faire dans une région à fort risque d'incendie ! Sinon, le feu d'artifice reste une valeur sûre, mais il faut prévoir un petit budget pour qu'il fasse son effet. Attention, pour les deux, il vous faudra une autorisation de la préfecture. Retrouvez nos bonnes adresses p. 210.

Les Mariés sur le Divan

Je danse comme un pied. Comment m'en sortir honorablement ?

Vous êtes aussi à l'aise sur une piste de danse qu'un ours blanc sur une patinoire ? Si vous ne voulez pas que ce moment romantique vire au numéro comique, deux solutions : offrez-vous des cours de danse (vous verrez ce n'est pas si compliqué) ou jouez la sécurité avec un joli slow, tout simplement, et invitez très vite les convives à vous rejoindre sur la piste. Perdu dans la masse, votre déhanché raté passera totalement inaperçu.

J'ai peur que les gens s'ennuient.

On a tous en tête des mariages interminables où on n'attend qu'une chose : pouvoir enfin enlever ses chaussures et sombrer dans un sommeil réparateur à l'hôtel du coin. Maintenant que c'est votre tour, vous angoissez de provoquer le même sentiment d'ineffable ennui. Pas de panique ! Si vous vous posez la question, c'est déjà bon signe. En gérant bien le timing de la journée et en évitant les temps morts (voir « Planifier », p. 20), vous vous prémunirez contre une partie du problème. Et, au final, est-ce si grave si quelques invités s'ennuient, si vous, vous vous amusez !

FICHE PRATIQUE

Les questions à poser au prestataire chargé de l'animation musicale

- ✔ Combien de mariages a-t-il animé ?

- ✔ A-t-il des références auprès d'anciens clients que vous pourriez contacter ?

- ✔ Est-il possible d'assister à l'une de ses prestations ?

- ✔ Combien de temps avant vient-il installer le matériel ? Quelles sont les contraintes techniques (en termes de puissance électrique notamment) ?

- ✔ A-t-il une assurance ? Est-il déclaré ?

- ✔ Quels sont les horaires inclus dans le forfait ? À partir de quelle heure et à quel tarif sont facturées les heures supplémentaires ?

- ✔ Facture-t-il des frais de déplacement ?

- ✔ Combien de repas devez-vous prévoir ?

- ✔ Quelles sont les modalités de règlement ?

- ✔ Comment sera-t-il habillé ?

POUR LE DJ UNIQUEMENT

- ✔ Pouvez-vous lui communiquer une wish-list et une black-list ? (Une réponse négative est rédhibitoire).

POUR LE GROUPE, L'ORCHESTRE OU LA CHORALE UNIQUEMENT

- ✔ S'ils ne connaissent pas votre musique d'ouverture de bal (d'arrivée de pièce montée, d'entrée dans l'église, etc.), sont-ils prêts à l'apprendre ?

- ✔ Pouvez-vous leur soumettre une liste de chansons ?

FICHE PRATIQUE
Sélection de musiques : nos suggestions

POUR LA CÉRÉMONIE

★ *What a Wonderful World*, la version de Louis Armstrong ou celle d'Israël Kamakawiwo'ole

★ *My Baby Just Cares for Me* et *Feeling Good* de Nina Simone

★ *Lucky* et *I'm Yours* de Jason Mraz

★ *After Afterall* de William Fitzsimmons

★ *Oh Happy Day* (gospel)

★ *La Valse d'Amélie* de Yann Tiersen

★ *Ain't No Mountain High Enough* de Marvin Gaye

★ *This Guy's in Love with You* d'Oasis

★ *What a Day for a Daydream* de Lloyd Mabrey

★ *All You Need Is Love* des Beatles

★ *Without You* de Ben Rector

★ *Amazing Grace* (gospel)

★ *Love Is All* de Butterfly Ball

★ *All I Want Is You* de Barry Louis Polisar (BO du film *Juno*)

★ *Anyone Else but You* de Moldy Peaches (BO du film *Juno*)

POUR LE COCKTAIL ET LE DÎNER

★ Norah Jones, Frank Sinatra, Barry White, Django Reinhardt, Tony Bennett, Nina Simone, Duke Ellington, Ella Fitzgerald, Nat King Cole, Sarah Vaughan, Jamie Cullum, Stevie Wonder, Caravan Palace, Gotan Project, Alicia Keys...

POUR L'ARRIVÉE DES MARIÉS OU DE LA PIÈCE MONTÉE

★ *Marry You* de Bruno Mars

★ *My First, my Last, my Everything* de Barry White

★ *Viva la vida ou Life in Technicolor II* de Coldplay

★ *I Gotta Feeling* de Black Eyed Peas

★ *Walking on a Dream* de Empire of the Sun

POUR L'OUVERTURE DU BAL

★ *Valse n°2* de Dmitri Chostakovitch

★ *The Way You Look Tonight* de Frank Sinatra

★ *Fly Me to the Moon* de Frank Sinatra

★ *Can't Help Falling in Love with You* d'Elvis Presley

★ *Love* de Nat King Cole

IMMORTALISER

GARDER UN SOUVENIR IMPÉRISSABLE DE VOTRE JOURNÉE

Vous avez investi des mois et des mois de préparatifs, c'est l'un des événements les plus importants de votre vie et il ne se reproduira plus jamais (du moins, on vous le souhaite !) : autant de raisons d'immortaliser cette journée unique.

1. Pourquoi investir dans un photographe/vidéaste ?

Pour certains, c'est une évidence ; pour d'autres, c'est une dépense superflue dont on peut bien se passer. Soyons claires : fortes de notre expérience de jeunes mariées et de wed-blogueuses, c'est une économie que nous vous déconseillons vivement. Voici trois bonnes raisons de faire appel à un professionnel pour immortaliser votre mariage.

➜ PARCE QUE CETTE JOURNÉE EST UNIQUE

Oui, c'est l'argument massue que vous sort le fleuriste/photographe/DJ qui essaie de vous vendre ses produits. Même si ce n'est pas une raison pour acheter ces deux branches d'orchidée à 60 euros (lâchez ça tout de suite !), force est de reconnaître qu'il y a un fond de vérité. C'est un événement unique, heureux, intense et sans doute l'une des seules occasions que vous aurez de réunir tous les gens qui vous aiment autour de vous. Vous risquez d'avoir envie d'en garder une trace (et l'opportunité

irrésistible de frimer auprès de vos futurs enfants : « Regarde comme papa était canon dans son costume ! »). Autant de souvenirs précieux à chérir et à conserver.

➜ PARCE QUE CELA PASSE TROP VITE

Ce cliché qu'on vous rabâche à longueur de temps est malheureusement vrai, lui aussi. Le jour J, dites-vous bien que vous ne verrez rien d'autre qu'un tourbillon merveilleux d'émotions, de joie, de gens. Mais, et c'est inévitable, vous allez passer à côté d'un milliard de petites choses que vous aurez un plaisir immense à (re)découvrir sur les photos : le sourire ému de votre homme lors de votre arrivée (que vous n'avez pas vu parce que vous aviez vous-même les larmes aux yeux), votre papi de 90 ans qui joue au croquet avec les enfants d'honneur, vos témoins qui répètent la flashmob surprise qu'ils ont prévue pour vous…

➜ PARCE QUE PHOTOGRAPHE DE MARIAGE, C'EST UN MÉTIER

OK pour le photographe, mais pourquoi payer une fortune alors que cousin Paul a reçu un Reflex pour Noël et qu'il fait de magnifiques photos de chats ? Parce que photographier un mariage, cela ne s'improvise pas. Premièrement, le photographe de mariage doit être un bon technicien, capable de gérer les contraintes spécifiques (conditions de lumière difficiles, mouvement, rapidité, invités dans le cadre). Deuxièmement, il doit être réactif et aux aguets pour ne pas rater le moment d'émotion et le sourire qui vous tireront encore des larmes dans vingt ans. Un photographe expérimenté sait d'instinct être au bon endroit au bon moment et ne risque pas de rater l'instant où le marié se lance dans un rock endiablé avec sa grand-mère. Enfin, faire appel à un ami amateur, même bon, c'est prendre un double risque : le premier, c'est qu'il oublie momentanément sa mission pour se laisser happer par le buffet de desserts tel un invité lambda, pile au moment où vous entamez votre première danse. Le second, c'est qu'on est toujours plus attiré par les visages qu'on connaît ; vous risquez donc de vous retrouver avec 15 photos de votre bande de potes du lycée, mais aucune de vos beaux-parents…

Si malgré tout, pour des raisons de budget ou autre, vous décidez de faire appel à un amateur, cadrez bien les choses avec lui en amont. Prenez le temps de le rencontrer avant, définissez ensemble ce dont vous avez envie (n'hésitez pas à utiliser notre fiche pratique « La liste des photos que vous voulez absolument avoir », p. 187). Et si vous ne le payez pas, prévoyez un beau cadeau pour le remercier : c'est du boulot !
Quant à se passer totalement de photographe, nous vous le déconseillons vivement : 100 % des mariés qui l'ont fait s'en sont amèrement mordu les doigts…

En ce qui concerne le budget, les prix varient grandement : de 500 à plus de 3 000 euros ! Pour une prestation de qualité, nous considérons qu'on ne peut descendre en dessous de 1 000 euros. Pour ce prix-là, vous aurez un photographe fiable, déclaré, avec un matériel adapté (deux boitiers en cas de panne, par exemple). Côté vidéo, les tarifs s'échelonnent de 600 à plus de 5 000 euros. Là encore, la qualité se paie.

2. Choisir son photographe et/ou son vidéaste

Comme le DJ et la salle de réception, le photographe fait partie de ces prestataires qui devraient figurer en priorité sur votre wedding-list. Les meilleurs sont pris d'assaut, parfois deux ans à l'avance ! Certes, l'offre est tellement large que même à quelques jours du mariage vous parviendrez à dégoter un gus et son Olympus pour faire quelques photos. Mais il risque d'être aussi doué pour le cadrage qu'oncle Roger après trois coupettes. Avant toute chose, sachez qu'il existe deux types de prises de vues.

➜ LE STYLE ACADÉMIQUE

Le premier, très traditionnel, privilégie les prises de vues posées et un peu kitsch. Côté vidéo, vous risquez fort de vous retrouver avec des fondus enchaînés en forme de cœur sur fond de musique romantico-gnangnan. Il y en a qui aiment…

➜ LE PHOTOREPORTAGE

Le second favorise les images prises sur le vif. Le photographe, ou le vidéaste, se fait discret, se fond dans la foule pour capturer des moments naturels, pour attraper une émotion, retranscrire une atmosphère. Il pose son regard sur votre mariage et effectue un véritable photoreportage de votre journée. Il limite généralement les photos de groupe, préférant fureter entre les convives. Quant au montage vidéo, il sera épuré, sobre, un peu à la manière d'un clip de chanson.

Comment trouver son photographe ?

Pour dénicher la perle rare, les meilleures sources sont, selon nous, le bouche à oreille et les blogs « mariage » (voir Carnet d'adresses, p. 210). Ces derniers sont souvent dotés d'un carnet d'adresses des photographes et vidéastes pour lesquels ils ont un coup de cœur. Beaucoup d'entre eux publient également les photos de vrais mariages – un bon moyen de repérer un photographe dont le style vous plaît !

★ *__Aujourd'hui, tous les photographes et vidéastes possèdent un site.__* Vous pourrez aisément vous faire une idée de leur travail. Mieux, la majorité alimente également un blog personnel. Cela vous donnera de nombreux indices supplémentaires : est-ce qu'il est très demandé ? Est-ce que la qualité de ses photos ou de ses vidéos est constante ? Quel type de mariage couvre-t-il ? Vous en saurez aussi un peu plus sur sa personnalité.

★ *Une fois que vous aurez présélectionné quelques photographes,* vous devrez impérativement les rencontrer ou, à défaut, avoir un entretien téléphonique avec eux. Il faut que le feeling passe bien, que vous soyez à l'aise et en confiance, car ils vont être les témoins privilégiés de moments intimes. Interrogez-le sur son parcours, sur son travail et ce qu'il aime dans l'univers du mariage. Parlez-lui de ce que vous imaginez pour le vôtre, donnez des détails sur le lieu, les invités, la déco. Vous verrez vite si vous êtes sur la même longueur d'onde. N'hésitez pas à apporter des clichés ou des vidéos que vous aimez pour qu'il cerne vos attentes.

★ *Important : demandez à voir l'intégralité de deux ou trois reportages photo* ou vidéo récents, qui vous donneront une idée plus réaliste de son travail que son book, pour lequel il n'a forcément retenu que les meilleurs extraits. Assurez-vous qu'il s'agit bien des photos de la personne qui sera présente le jour J et exigez de la rencontrer si ce n'est pas elle que vous avez en face de vous. Méfiez-vous à cet égard des agences, qui n'hésitent pas à vous envoyer des intérimaires plus ou moins fiables !

★ *Enfin, abordez la question des forfaits.* En fonction du prix, il pourra être là de l'habillage à la fin de la soirée ou il se contentera de couvrir la cérémonie et le cocktail. N'oubliez pas non plus de demander comment récupérer les photos. Certains fournissent un nombre déterminé de clichés, tirages ou albums, puis facturent (cher) chaque commande supplémentaire. Souvent, leurs prestations de base sont moins onéreuses, mais faites vos calculs, vous pourriez finir par payer le double en développement. Sans compter que vos invités, s'ils veulent des photos, devront aussi payer.

De plus en plus de photographes proposent simplement de vous remettre les photos en haute définition sur un CD. Vous pourrez ensuite les imprimer vous-même ou le faire faire dans un laboratoire. Et ce, à volonté, sans surcoût.

3. Créer les moments pour avoir de belles photos

Pour avoir de belles photos, il faut un bon photographe, certes, mais il faut aussi une bonne matière première : un joli décor, de bonnes conditions pour travailler… Et là, c'est à vous de jouer ! Conseils pour donner à votre photographe les meilleures chances de faire des photos canons.

Pendant vos préparatifs

Pour commencer, soignez le décor : une pièce lumineuse avec une jolie déco rendra mieux qu'une salle de bains éclairée au néon. L'éclairage est fondamental : n'hésitez pas à rajouter une ou deux lampes si la lumière naturelle est faible. Ramassez tout ce qui traîne (vêtements, valises…) et sera disgracieux sur une photo. À l'inverse, n'hésitez pas à mettre en scène votre tenue – suspendue devant une fenêtre ou un miroir, cela rend toujours très bien – et vos accessoires (poudrier, chaussures, boutons de manchette…). Cela fera de belles photos d'ambiance.

Enfin, soyez à votre avantage : demandez au photographe d'attendre que votre maquillage soit bien avancé pour commencer à shooter, par exemple. Inutile d'immortaliser ce teint de navet qui témoigne de votre nuit passée à refaire le plan de table. Idem pour vos témoins : dites-leur de venir déjà apprêtés, ils seront davantage mis en valeur.

Pendant la cérémonie

L'ennemi numéro un du photographe de mariage, c'est l'invité armé d'un smartphone ou d'un appareil numérique qui tient absolument à vous immortaliser… quitte à se planter devant lui, gâchant ainsi LA photo de votre premier baiser de mari et femme (on ne voit que son dos). Pour éviter cela, le moyen le plus radical consiste tout simplement à interdire aux invités de prendre des photos. Déléguez cette tâche ingrate à un témoin, qui annoncera avant le début de la cérémonie que les mariés préfèrent que les convives « profitent à 100 % de ce moment », en précisant qu'un photographe officiel se charge de l'immortaliser et que vous leur enverrez les cichés.

Pour votre sortie de l'église/de la cérémonie, bulles de savon, pétales de fleurs, ballons ou jolis rubans attachés à un bâton et agités par les invités produisent un effet très photogénique.

Les photos de groupe

Non, elles ne sont pas forcément synonymes d'ennui et de poses figées ! Pour rendre vos photos de groupe plus fun, oubliez les conventions : sautez, courez, portez des masques, faites des grimaces, rejouez une scène de film… Bref, lâchez-vous !

Le cocktail et la soirée

Si vous n'avez pas confié le soin d'animer le photobooth à votre photographe, le cocktail est un moment calme de la journée. À vous de voir si vous préférez qu'il fasse des portraits des convives (n'hésitez pas à lui fournir un trombi des plus importants) ou qu'il en profite pour aller prendre des détails de votre déco du dîner amoureusement mise en place avant que les invités n'arrivent. N'oubliez pas que le photographe va devoir manger, lui aussi : le meilleur moment, c'est pendant le dîner (personne n'est à son avantage la bouche pleine), avant les discours et les animations.

4. Avant et après : encore plus de photos !

Parce que vous avez besoin de vous familiariser avec l'objectif, parce que la journée passe trop vite ou tout simplement parce qu'il y a beaucoup d'autres jolis moments autour de votre D-Day qui méritent d'être capturés… les occasions de faire de belles photos ne manquent pas. Petit passage en revue des dernières tendances.

La session « engagement »

★ **Les fiançailles :** vous êtes amoureux, vous êtes beaux et vous sentez bon le sable chaud, pourquoi ne pas immortaliser aussi cette période dorée ? Il s'agit simplement de photos du couple, que beaucoup utilisent ensuite pour illustrer le *save-the-date* ou les faire-part. Selon vos envies, la session peut être très simple – des instants volés dans des endroits qui vous sont chers – ou plus élaborée, avec une véritable mise en scène thématique – pique-nique champêtre, fête foraine, scène de film…

★ **Autre avantage :** cela va vous permettre de vous familiariser à la fois avec votre photographe et avec son objectif. Idéal si vous n'êtes pas à l'aise quand on vous prend en photo.

L'essayage de la robe

Voilà un autre moment fort en émotion. Pourquoi ne pas demander à votre photographe de venir capturer ce moment de complicité avec vos amies, votre mère ? Ces instants où votre petit cœur fait boum en vous imaginant au bras de votre fiancé et où la vendeuse peine à vous faire libérer les lieux !

La séance « day after »

Si vous n'avez pas envie de faire les photos de couple le jour J ou que vous voulez vous retrouver dans vos habits de lumière, pourquoi ne pas proposer à votre photographe une séance quelque temps après le jour J ? Moins stressés, plus détendus, vous aurez l'occasion d'immortaliser un beau moment de complicité amoureuse.

La séance « trash the dress »

Une variante un peu plus déjantée de la précédente : traduisez « saccagez la robe » ! Aux États-Unis, certaines n'hésitent pas à se jeter à l'eau (littéralement) tout habillée, à déchirer leur robe ou à la repeindre au paintball. Si vous comptiez conserver votre robe en attendant le mariage de votre fille – voir de votre petite-fille –, offrez-vous une version plus soft. Vous n'êtes pas obligée de transformer votre robe en guenille ; l'important, c'est juste d'être décontractée, de faire des images plus fun et décalées que celle du jour J.

La séance « lune de miel »

Vous serez beaux, bronzés et plus amoureux que jamais : profitez-en ! Plutôt que de vous contenter de la photo « à bout de bras », faites un petit tour sur le Net à la recherche d'un photographe local qui vous tape dans l'œil et envoyez-lui un e-mail. Les tarifs ne sont pas forcément exorbitants, surtout en dollars.
Après cela, vous aurez sûrement une overdose des photos de vous-même… au moins jusqu'à la grossesse !

5. Photobooth, mode d'emploi

Littéralement, cela signifie un « coin photo ». C'est un endroit aménagé où vos invités peuvent venir se faire tirer le portrait de manière fun et déjantée, avec ou sans vous. L'avantage de cette animation, c'est qu'elle est à la portée de toutes les bourses et remporte toujours un franc succès auprès des convives. Ils sont ravis de repartir avec une photo d'eux rigolote, et vous, d'avoir des photos décalées en plus des portraits « officiels ».

Comment t'installer ?

Tout dépend de vos envies, de votre imagination et de votre budget. C'est assez libre, il y a juste quelques principes de base. À vous de les adapter !
Il vous faudra :

➜ UN JOLI FOND

Mur patiné, fanions, beau drap ancien, rosaces en papier, rideau ou cloison recouverte de papier peint : faites jouer votre imagination !

➜ DES SIÈGES (CHAISES OU CANAPÉ VINTAGE)

Décoratifs et pratiques, ils permettent de faire des photos groupées rigolotes.

➜ DES ACCESSOIRES

Essentiels, ils permettront à vos invités même les plus timides de se lâcher devant l'objectif. Quelques idées : lunettes de soleil fantaisie, cadre vide, chapeaux, masques, ardoises et craie pour que vos invités vous laissent des messages… N'hésitez pas à les bricoler vous-mêmes et à les personnaliser : si vous êtes fans de super-héros, pourquoi pas une cape de Superman !

➜ UN APPAREIL PHOTO

Il peut s'agir d'un appareil numérique fixé sur un pied que les invités déclenchent avec une télécommande à distance, d'un Polaroid ou encore d'un ordinateur sur lequel vous aurez installé un logiciel spécifique (à télécharger gratuitement sur www.photodentelle.fr) et relié à une imprimante portative. Vous pouvez également demander à votre photographe officiel s'il peut s'en charger pendant le cocktail.

Le must, si vous en avez les moyens (comptez 1 000 euros minimum), c'est de vous offrir une cabine de Photomaton vintage comme celles de la Joyeuse de Photographie (www.lajoyeusedephotographie.com).

Les Mariés sur le Divan

Au secours, je me déteste en photo !

Vous détruisez soigneusement toute preuve en image de votre existence, et votre photo de profil Facebook est un chat qui mange un hamburger… Mais là, vous n'allez pas pouvoir y couper ! Pas de panique ! Pour apprivoiser l'appareil, pensez à une séance engagement avant le mariage (p. 180), le résultat vous surprendra certainement. N'hésitez pas à prévoir des accessoires pour rendre la séance couple plus fun, cela vous aidera à oublier l'objectif. Enfin, songez que le jour J, vous serez totalement à votre avantage – vous-même, en mieux !

J'ai horreur des photos de groupe, mais ma grand-mère y tient…

C'est niet : pas question de perdre du temps avec ces clichés ennuyeux qu'en plus, vous n'avez aucune intention d'afficher dans le salon (ni ailleurs). Le photobooth suffira. Toutefois, concernant votre grand-mère, pensez-vous qu'elle a envie de poser sur la cheminée une photo où tout le monde porte des moustaches roses et un boa en plumes (votre grand-père compris) ? Oui, c'est votre mariage, mais c'est aussi un beau moment à partager avec vos proches. Alors, soyez cool, ne lui gâchez pas son plaisir, et prévoyez quelques minutes pour faire des photos de famille classiques, quitte à les limiter aux plus proches pour éviter d'y passer des heures.

FICHE PRATIQUE
Les questions à poser à votre photographe/vidéaste

PHOTOGRAPHE/VIDÉASTE

✔ Comment a-t-il l'habitude de travailler le jour J ?

✔ Quels sont ses différents forfaits ? Facture-t-il des frais de déplacement ?

✔ Quel est le type de matériel utilisé ? A-t-il du matériel de secours ?

✔ Effectue-t-il plusieurs sauvegardes des fichiers ?

✔ Cède-t-il les droits sur ses photos/vidéo ? Avez-vous un droit de regard sur leur diffusion éventuelle pour sa promotion ?

PHOTOGRAPHE

✔ Pouvez-vous voir l'intégralité des photos de quelques mariages récents ?

✔ Propose-t-il des packs incluant les photos d'engagement et le « trash the dress » ?

✔ Qui sera présent le jour du mariage, lui ou quelqu'un d'autre ?

✔ Donne-t-il les photos en haute définition ? Si, oui, combien et pouvez-vous choisir lesquelles ?

✔ Quand vous seront-elles remises ?

✔ S'occupe-t-il des photos de groupe et des photos du photobooth ?

✔ Fait-il des albums (demandez à voir un exemple, ainsi que le prix) ?

✔ Combien coûtent les tirages ?

✔ Réalise-t-il une galerie en ligne après le mariage ?

POUR LE VIDÉASTE

✔ Pouvez-vous voir quelques vidéos de mariages récents ?

✔ Quelle est la durée de la vidéo fournie ?

✔ Propose-t-il un teaser (une version courte) en plus de la version longue ?

✔ Combien de personnes et de caméras seront présentes ?

✔ Pouvez-vous choisir les musiques ?

✔ Met-il la vidéo en ligne après le mariage ?

✔ Combien de temps sera nécessaire pour le montage ?

✔ Sur quel support la vidéo vous sera-t-elle remise ? En combien d'exemplaires (pour un DVD) ?

FICHE PRATIQUE
La liste des photos que vous voulez absolument avoir

Voici une liste non exhaustive des photos à prendre le jour J. À vous de piocher dedans et de la remettre à votre photographe.

PRÉPARATIFS

✓ La robe/le costume, accroché(e) devant une jolie fenêtre ou un miroir

✓ L'enfilage de la robe

✓ Les tenues des témoins

✓ Les chaussures de la mariée/les chaussures du marié

✓ Une photo des alliances et de la bague de fiançailles dans une jolie boîte ou mises en scène

✓ Les détails de la coiffure et du maquillage

✓ Les moments de complicité avec les témoins/les parents

✓ Une photo du bouquet de la mariée

CÉRÉMONIE

✓ La mariée au bras de son père avant de faire son entrée

✓ Le visage du marié au moment où elle fait son apparition

✓ L'arrivée des témoins/des enfants d'honneur

✓ Le visage ému des invités

DÉCORATION

✓ La décoration des différents espaces (cérémonie, cocktail, dîner) avant l'arrivée des invités

✓ Les détails déco (ne pas hésiter à préciser lesquels pour que votre photographe sache bien de quoi il s'agit)

PHOTOS DE GROUPE

✓ Listez précisément les personnes avec qui vous voulez avoir une photo.

PHOTOS DE COUPLE

✓ Si vous avez des envies originales ou, au contraire, des hantises, c'est le moment de le dire à votre photographe.

ANIMATIONS

✓ Le lancer du bouquet

✓ L'entrée des mariés dans la salle du dîner

✓ La découpe du gâteau ou de la pièce montée

✓ Les discours des témoins et des parents

✓ Votre première danse

De manière générale, plus vous serez précis dans votre description de la journée et des moments que vous souhaitez voir immortalisés, plus vous avez de chances d'avoir des photos qui correspondent à vos attentes !

OFFRIR

SE FAIRE GÂTER ET GÂTER VOS INVITÉS

C'est la tradition, et c'est plutôt agréable : vos invités voudront vous gâter ! Que ce soit au travers d'une traditionnelle liste de mariage ou en ouvrant des dons auprès d'une association, à vous de leur indiquer ce qui vous ferait plaisir. Cela marche aussi dans l'autre sens : des petites attentions pour témoigner de votre affection à vos convives seront toujours appréciées.

1. Se faire gâter par ses invités : la liste de mariage

Ce n'est certes pas pour cela qu'on se marie, mais elle fait partie des charmes indéniables de l'opération !

➜ LES PRESTATAIRES CLASSIQUES DE LISTE

★ En France, deux enseignes tiennent le haut du pavé : le Printemps Listes et 1001 Listes, le service de listes des Galeries Lafayette et du BHV. Leurs avantages: le réseau, avec des points de vente un peu partout en France, et les services VIP associés à l'ouverture de la liste. Très pratique pour tante Yvonne qui sera ravie de passer trois heures dans les rayons à choisir avec amour un légumier en argent (que vous échangerez illico contre une Nespresso®), tandis que vos amis effectueront un don en ligne entre deux réunions.

★ Deuxième point fort des grands magasins, le clé en main. Si vous n'avez pas envie ou pas le temps de gérer la constitution de votre liste ou l'organisation de votre voyage de noces, mais aussi pour trouver des prestataires dans la région, ils offrent un panel de services pour vous faciliter la tâche : conseil personnalisé sur le choix de vos cadeaux, service client dédié…

★ Enfin, pour attirer les futurs mariés, ils offrent des avantages et des réductions (sur la robe de mariée, le costume, les alliances et 5% de remise sur tous vos achats même pendant les soldes) qui peuvent s'avérer substantiels mis bout à bout. Autre bon point, les services VIP associés : événements exclusifs, conseils shopping personnalisés… Enfin, si vous optez pour le voyage de noces, l'avance de l'acompte est gratuite, un gros avantage si vous souhaitez réserver votre voyage avant d'avoir reçu les cadeaux de tous vos invités. Et si vous avez envie de vous marier à l'étranger, les deux enseignes proposent des formules clés en main.

✔ *Et les inconvénients ?* Si vous avez une maison équipée du sol au plafond et pas le moindre centimètre carré de libre dans votre appartement pour ne rajouter ne serait-ce qu'un bibelot, l'idée de faire du shopping pour vous constituer un trousseau «grande classe» ne vous enchantera peut-être pas. Quant aux voyages, l'offre est souvent classique, même si les agences de voyage de ces grands magasins ont fait beaucoup d'efforts pour élargir leur offre et proposer des destinations originales. En revanche, si vous êtes du genre *backpack* et auberges de jeunesse, passez votre chemin. Enfin, impossible de convertir votre cagnotte en cash au-delà de 10% du montant, vous êtes donc contraint de dépenser votre liste là où vous l'avez ouverte.

✔ *Bon à savoir :* si vous choisissez cette option, n'hésitez pas à demander aux jeunes mariés de votre entourage où ils ont déposé leur liste. Il existe en général des offres de parrainage intéressantes.

➜ **LES LISTES DE MARIAGE EN LIGNE**

Si vous souhaitez faire une liste tout en gardant plus de souplesse, les services de liste en

ligne sont faits pour vous. De plus en plus nombreux (voir Carnet d'adresses, p. 210), ils permettent de choisir librement les cadeaux qui vous font envie sur des sites marchands, partenaires ou non. Selon les sites, vous pourrez soit dépenser directement votre argent, soit le récupérer sur un compte bancaire moyennant généralement une commission de l'ordre de 2 à 5 % du montant global.

Par ailleurs, ces sites rivalisent de services bien pratiques : conseil et aide à l'élaboration de votre liste, création rapide et super facile de votre site de mariage, avantages auprès de sites partenaires, système de remerciement en ligne, hotline dédiée… Le bémol, c'est que cela peut refroidir vos invités les moins habitués à Internet, mais ces sites en ont conscience. Ils font donc des efforts de pédagogie et sont généralement très réactifs par téléphone en cas de problème.

➜ LES LISTES DE MARIAGE EN MAGASIN

Que ce soit pour remeubler votre appartement ou partir en voyage à Bali, vous pouvez ouvrir une liste dans un magasin ou chez un voyagiste. La plupart des grandes enseignes proposent ce type de service, parfois associé à des réductions – pensez à le demander. Très pratique si vous n'avez qu'une idée en tête et que vous prévoyez de tout dépenser au même endroit.

Où mentionner la liste de mariage ?

En France, c'est traditionnellement assez mal vu de l'indiquer formellement (sur le faire-part, par exemple), mais dans d'autres pays d'Europe, cela ne choque personne (en Espagne, les mariés donnent carrément leurs coordonnées bancaires !). À vous de voir, sachant qu'en théorie, les invités vous demanderont d'eux-mêmes ou se renseigneront auprès de vos parents. Sinon, la ruse consiste à la mentionner sur le site Internet de votre mariage (voir « Créer son site Web de mariage », p. 48).

Quelles alternatives à la liste traditionnelle de mariage ?

Soupières, argenterie, services en porcelaine, robots de cuisine… les cadeaux des invités ont longtemps eu pour seul objectif de remplir les placards du jeune couple. Et pour cause, on passait de la maison familiale à son propre « home sweet home », sans transition (ou presque). Aujourd'hui, la plupart des couples emménagent ensemble bien avant le mariage et vivent dans de (petits) appartements, souvent déjà bien remplis. Résultat : la liste perd de son sens, et de nombreux couples préfèrent mettre à disposition une tirelire de mariage pour encaisser les chèques le jour J. Une option zéro prise de tête, mais qui peut être mal vue.

★ Pour mieux faire passer la pilule auprès de grand-mère Monique, tentez d'être créatifs et rendez l'encaissement plus doux. Avec un peu d'imagination, tout peut faire office de tirelire : une boîte aux lettres américaine customisée, un nichoir, une mappemonde percée, une caisse de guitare, une cage à oiseaux, une valise rétro, une bonbonnière, une boîte à chapeau… N'oubliez pas d'ajouter un petit mot à côté : « Nous allons pouvoir faire le voyage de nos rêves, grâce à vous ».

★ Autre option pour les âmes généreuses : la donation. Proposez tout simplement à vos invités de faire un don, en votre nom, à l'association que vous aurez choisie, qu'elle protège les baleines ou construise des puits dans le Sahel.

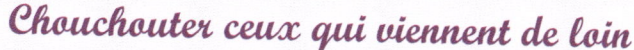

Chouchouter ceux qui viennent de loin

Encore une tradition américaine qui débarque chez nous ! Elle s'appelle le welcome bag (sac de bienvenu). Il est habituellement réservé à la famille proche et aux convives qui viennent de loin. Ce sachet en kraft ou en tissu contient généralement : un plan et des informations sur la région (au cas où les invités auraient envie de se promener), un programme du week-end (détail de la journée du mariage, heure et lieu du brunch, par exemple), ainsi que des douceurs et des souvenirs (badge, petit bracelet). Une manière délicate de témoigner votre affection à vos VIC (Very Important Convives).

2. Remercier vos invités

Des petites attentions le jour J

Ils viennent parfois de loin. Ils y vont de leur petite larme, de leur enthousiasme, de leur affection et de leur bonne humeur. Ils se mettent sur leur trente et un, préparent de jolis discours, des Power Point ou des chansons. Et puis, ils viennent avec un cadeau ou un gros chèque pour participer à ce voyage de noces qui vous fait rêver. Bref, vos invités méritent bien un petit merci ! La réussite d'un mariage, c'est aussi à eux que vous la devrez, à leur énergie sur le dancefloor, à leur investissement, à leur dynamisme. Pour cela, exit les traditionnelles dragées : la tendance aujourd'hui, c'est d'offrir un petit cadeau souvenir à vos invités en accord avec l'esprit général de votre mariage (mais cela n'a rien d'obligatoire !). Voici quelques idées, pour vous inspirer :

➜ LES PETITS CADEAUX À CROQUER

Miel, confiture, pâte à tartiner, macarons, sucettes, pop-corn, fruits frais, cookies, cupcakes, whisky, limonade, thé, caramels, épices, café, herbes aromatiques, guimauves, sirops, sucres d'orge, huile d'olive…

➜ LES PETITS CADEAUX À CONSERVER

Livre, graines à planter, moule à sablé, boussole, marque-page, CD de musiques sélectionnées par les mariés, succulente, sous-verre, clé USB, tire-bouchon, badge, petit savon, couteau suisse, bougie, cadre photo, carnet…

Si vous n'avez pas les moyens ou pas l'envie de faire ces cadeaux, ne culpabilisez pas (voir « Nous n'avons pas les moyens d'offrir des cadeaux à nos invités, allons-nous passer pour des radins ? », p. 196). Ce n'est pas un passage obligé !

Après le mariage, les remerciements formels

Même si vous êtes allergiques aux convenances, vous n'y couperez pas : l'envoi d'une petite carte de remerciement est un passage obligé. Tout le monde doit être remercié, que ce soient les personnes qui sont venues ou celles qui vous ont envoyé des fleurs, un cadeau ou un simple petit mot. Même si vous les avez déjà remerciées de vive voix ! C'est la tradition (pour une fois qu'on vous dit de la respecter), et cela fait vraiment plaisir.

★ La bienséance veut qu'on les envoie dans les deux mois suivant le mariage, toujours accompagnés d'un petit mot manuscrit – n'espérez pas vous en tirer avec un texte imprimé. Nul besoin d'en faire des tartines, une petite phrase bien pensée suffit amplement.

★ Une simple carte peut très bien faire l'affaire, surtout si elle est accompagnée d'une photo. Mais c'est aussi l'occasion d'exprimer une dernière fois votre créativité. Carton de remerciement assorti à votre faire-part ou rappelant votre déco, photo prise le jour J avec une banderole « merci », CD des musiques de votre mariage, photos de vos invités le jour J… Si le cœur vous en dit, vous trouverez de nombreuses idées sur les blogs.

✔ *Notre conseil d'amie* : prévoyez vos remerciements avant le mariage pour ne plus avoir qu'à ajouter un petit mot et à les poster. Croyez-nous, après, vous n'aurez plus la moindre envie de vous y coller et, pour peu que vous soyez en plein wedding blues, cela vous semblera aussi insurmontable que d'escalader l'Everest en talons.

Les Mariés sur le Divan

Je ne veux pas ouvrir de liste, mais j'ai quand même envie d'avoir des cadeaux !

Le plus sûr moyen d'avoir des cadeaux le jour J, c'est justement de ne pas faire de liste. Vous serez certains que les invités viendront au mieux avec leur chéquier, au pire avec un gros paquet enrubanné dont le contenu ne sera pas forcément à votre goût. Pensez à prévoir une table pour les déposer et à garder les mots associés pour vous souvenir qui vous a offert quoi et éviter l'incident diplomatique au moment des remerciements. Si vous choisissez cette option, soyez ouverts d'esprit : vous aurez sans doute de bonnes surprises… et de moins bonnes !

Nous n'avons pas les moyens d'offrir des cadeaux à nos invités. Allons-nous passer pour des radins ?

Vos invités viennent avant tout pour partager cette belle journée avec vous, et vous les recevrez avec les honneurs, c'est déjà pas mal ! Si vraiment cela vous turlupine, substituez le cadeau d'invité par une petite attention : un mot personnalisé dans chaque assiette, une jolie fleur posée sur la serviette…

FICHE PRATIQUE
Quelques exemples de textes pour vos remerciements

À VOS AMIS

"Cette journée n'aurait pas eu la même saveur sans vous. Merci du fond du cœur d'avoir partagé cette belle aventure avec nous."

"Nous garderons un merveilleux souvenir de cette journée grâce à vous. Merci !"

À VOS FAMILLES

"Cette journée magique est passée trop vite, mais votre présence restera gravée dans nos cœurs. Merci d'avoir été à nos côtés."

"Votre présence et votre délicate attention à l'occasion de notre mariage nous a immensément touchés. Merci d'avoir partagé ce moment avec nous."

À DES COLLÈGUES OU AUX AMIS DE VOS PARENTS

"Nous avons été très touchés par la délicate attention que vous avez témoignée à l'occasion de notre mariage et nous vous remercions de tout cœur de vous être associés à notre bonheur."

"Un grand merci pour votre délicate attention à notre égard lors de cette journée inoubliable."

"Nous vous remercions sincèrement pour toutes les marques de sympathie témoignées à l'occasion de notre mariage."

CASTER VOS TÉMOINS

Que ce soit à la mairie ou à l'église, le témoin idéal n'est pas toujours celui qu'on croit. Certes, vous avez peut-être déjà votre casting en tête, mais ce choix n'est pas anodin et mérite que vous y réfléchissiez pour éviter les déceptions. Témoins privilégiés (comme son nom l'indique) d'une journée capitale pour vous, ils vous accompagneront aussi tout au long de vos préparatifs, organiseront votre enterrement de vie de garçon ou de jeune fille, vous consoleront lorsque le coiffeur aura raté votre balayage et seront chargés d'empêcher la diffusion des photos compromettantes que vos copains de fac auront récupérées sur Facebook. C'est dire toute l'importance de leur rôle…

1. Comment (bien) choisir ses témoins ?

La première question à vous poser est : qu'attendez-vous d'eux ? Si vous souhaitez juste qu'ils soient présents le jour J et signent le registre, pas de souci : a priori, n'importe quel ami devrait remplir honorablement cet office. Si, en revanche, vous avez plutôt en tête des témoins tels qu'on en voit dans les comédies américaines, cela vaut le coup d'y penser posément. Malgré toute l'amitié qu'ils ont pour vous, vos meilleurs amis n'ont peut-être aucune inclination ni aucun talent pour ce rôle ; or, face à votre enthousiasme de futurs mariés, ils n'oseront pas forcément vous dire non. Avant de les enrôler (contre leur gré), mieux vaut s'assurer qu'ils réunissent les qualités suivantes :

✔ *de la patience et de l'écoute,* vous en aurez besoin pour faire face aux (inévitables) moments de stress de l'organisation d'un mariage ;

✔ *de la disponibilité,* pour vous accompagner aux rendez-vous ou comparer avec vous les mérites respectifs de la pièce montée et du *wedding cake* ;

En direct des US : les « bridesmaids » et « groomsmen » à l'américaine

Emblématiques des comédies romantiques hollywoodiennes, les « bridesmaids » et les « groomsmen » sont un ingrédient indispensable du mariage à l'américaine. Témoignage de la relation privilégiée qu'ils entretiennent avec les mariés, leur droit d'être habillés tous pareils (avec plus ou moins de bonheur) et de figurer en bonne place sur les photos aux côtés des mariés. Bien choisies, des tenues assorties peuvent donner un résultat très photogénique, en plus de symboliser l'attachement des mariés à leurs amis les plus proches. Si cela vous tente, imposez l'idée en douceur : il faut que vos amis aient envie de jouer le jeu. N'imposez pas une tenue, mais proposez plutôt un accessoire ou un code couleur commun.

✔ **un certain talent pour les activités manuelles,** surtout si vous comptez faire beaucoup de choses vous-mêmes ;

✔ **le plus important : une véritable envie d'assumer ce rôle.** Si vous n'êtes pas sûrs que ce soit le cas, posez-leur la question simplement. Ils se sentiront plus à l'aise pour vous le dire.

Une fois que vous aurez fait votre choix, vous serez peut-être confrontés à la déception de ceux ou celles qui espéraient être « élus ». Pour ménager les susceptibilités, répartissez les rôles et faites en sorte de les impliquer autrement : lecture d'un texte pendant la cérémonie, atelier DIY, choix des tenues des demoiselles d'honneur…

Le kit des témoins : comment leur manifester votre reconnaissance

Ils sont là, à vos côtés depuis le début des préparatifs, ou même le commencement de votre histoire, et ils vont vous accompagner tout au long de cette journée particulière. Ils ont supporté vos soirées DIY, vos essais de playlist et vos élucubrations sur la différence entre orange et corail. Bref, ils méritent bien une petite attention : un sac distribué le jour J avec l'essentiel pour passer une bonne soirée et garder un joli souvenir (chewing-gums, pansements anti-ampoules, petit bracelet ou cigare, bonbons, et pourquoi pas… un préservatif !) leur fera certainement plaisir.

2. Comment survivre à son enterrement de vie de garçon ou de jeune fille

Si la vision d'une femme déguisée en canard qui tente de vendre des préservatifs ou d'un homme habillé en bébé qui essaie de récupérer le numéro de téléphone des passantes vous fait horreur, rassurez-vous : c'est désormais l'occasion de passer un agréable moment entre amis, et non plus un rite de passage humiliant. S'ils vous connaissent bien, vos témoins chercheront plutôt à vous faire plaisir. Mais juste au cas où, voici quelques idées à leur souffler :

✔ *une escapade à l'étranger,* un week-end dans une maison de campagne avec toute votre bande de copains d'enfance ;
✔ *des sports extrêmes* (saut à l'élastique, en parachute, parapente…) ;
✔ *une journée au spa,* avec brunch et hammam ;
✔ *un karaoké chinois,* kitsch et déjanté ;
✔ *un cours de danse Bollywood,* avec une choré' à reproduire le soir du mariage ;
✔ *un cours d'effeuillage burlesque ;*
✔ *un cours de cuisine,* d'œnologie, de dégustation de chocolats, n'importe quoi pourvu que cela soit bon ;
✔ *une soirée au casino* en smoking ou robe longue, façon *Casino Royal* ;
✔ *une séance photo entre copains* dans un endroit sympa avec looks coordonnés ;
✔ *une soirée pyjama* totalement régressive avec marshmallows et comédies romantiques.

3. Le guide du parfait témoin

Lorsque vous leur avez demandé d'être témoins, ils ont été flattés, contents et touchés. Mais savent-ils véritablement ce qui les attend ?

Pour les aider à mener à bien leur délicate mission, nous leur avons concocté un guide aux petits oignons. Il ne vous reste plus qu'à le leur mettre entre les mains, nous nous chargeons du reste !

La charte du parfait témoin

Cher témoin, tu es l'heureux élu du/de la futur(e) marié(e) qui a le bon goût de lire ce livre. C'est un grand honneur, mais aussi une grande responsabilité. C'est pourquoi, avant toute chose, nous t'invitons à prendre connaissance des commandements du parfait témoin.

✔ **Tu accepteras de bonne grâce les soirées pliage.**
✔ **Tu ne le ou la jugeras point,** lorsqu'il ou elle t'appellera en plein milieu d'une réunion parce que le corail des rubans n'est pas le même que celui du faire-part.
✔ **Tu ne le ou la forceras pas à faire la manche habillé(e) en canard** pour l'enterrement de vie de jeune fille/garçon – sauf si il ou elle t'a obligé à vendre des préservatifs dans une tenue d'infirmière pour le tien !

✔ *Tu lui prépareras un discours, un film ou un Power Point drôle,* émouvant, bien senti et pas embarrassant.

✔ *Le jour J, tu seras aux petits soins.* Pendant les préparatifs, tu le ou la rassureras ; à l'heure du cocktail, tu feras des provisions au buffet et tu les lui apporteras ; à tout moment tu l'aideras à réparer sa robe/fumer en cachette/se débarrasser d'invités trop collants/retrouver son discours.

✔ *Tu seras honnête et ferme sans être blessant* pendant les essayages.

Animations : comment surprendre les mariés ?

Cher témoin, ton rôle ne se limite pas à donner un avis argumenté sur la 25e robe essayée par la mariée. Tu es aussi là pour faire sentir aux futurs époux qu'ils sont entourés d'affection et d'amour. Si le challenge te stresse, cher témoin, détends-toi : l'idée, c'est simplement de montrer aux mariés que tu les aimes, pas de décrocher un Oscar. Il y a bien sûr l'inénarrable Power Point, mais honnêtement, tu peux mieux faire. Quelques idées :

➜ UN BEAU DISCOURS

Même très bref, il peut-être mille fois plus touchant qu'une ribambelle de clichés à la qualité douteuse.

➜ UNE PETITE VIDÉO

Avec les derniers appareils photo, on obtient une belle image sans aucune compétence technique. Une suite de sketchs sur les adorables défauts des mariés ou encore un lipdub : succès garanti !

➜ UNE VIDÉO STOP MOTION

Cette technique d'animation consiste à prendre des dizaines de photos, puis à les faire défiler très rapidement l'une après l'autre à l'aide d'un logiciel de montage vidéo comme iMovie. Entre chaque photo, les objets ou les personnes seront déplacés pour créer l'illusion du mouvement. C'est un peu long, mais assez simple, et le résultat est très poétique. Cela demande juste un peu de préparation. Pour un résultat homogène, arme-toi d'un pied et assure-toi de ne pas changer les réglages de ton appareil photo, ni les conditions de lumière. Pour des explications plus détaillées, demande à ton meilleur ami : Google.

➜ UNE FLASHMOB

Cela demande un peu de logistique, mais le résultat est bluffant : imagine qu'en plein milieu de la soirée, une cinquantaine de personnes se lèvent en même temps pour effectuer une chorégraphie ou chanter une chanson. Pour mobiliser tout le monde, le plus simple est de vous filmer en train d'effectuer la chorégraphie, puis de partager la vidéo avec le reste des invités.

Les Mariés sur le Divan

J'ai la trouille pour mon enterrement de vie de jeune fille/de garçon.

Et c'est normal ! D'autant que, souvent, vos amis jouent à vous faire craindre le pire. Mais rassurez-vous, ils vous connaissent (en principe) et savent très bien ce qui vous fait plaisir ou ce que vous détestez. Si cela vous angoisse trop, posez les bases en leur rappelant ce que vous tolérez et ce que, en revanche, vous ne supporteriez pas : « Me déguiser, OK, mais pas en infirmière salace. » Ensuite, faites-leur confiance. Et n'oubliez jamais que vous avez toujours le droit de dire non (avant de dire oui le jour J) !

Mon témoin ne s'implique pas du tout.

C'est votre meilleure copine, celle avec qui vous avez passé votre enfance à rêver de robes de princesse et votre adolescence à faire les 400 coups. Pour votre mariage, vous imaginiez donc passer des heures à concevoir la déco de votre D-Day à ses côtés. Raté ! Non seulement elle n'a jamais une minute de disponible, mais en plus elle a toujours une réunion urgente au moment où vous l'appelez pour lui parler de vos centres de table. Avant de lui jeter la pierre, interrogez-vous : est-ce que vous n'avez pas été un chouille égocentrique ces derniers temps ? Votre mariage occupe toutes vos journées, certes, mais sa vie à elle continue aussi. Sinon, essayez de le prendre avec philosophie : elle n'en a peut-être rien à faire de vos photophores, mais cela ne veut pas dire qu'elle ne vous aime pas.

FICHE PRATIQUE
Les do et don't de l'enterrement de vie de jeune fille/de garçon

À compléter avec vos propres desideratas et à donner à vos témoins.

DO

✔ Respecter les désirs des futurs mariés

✔ Organiser la soirée au moins une semaine, voire deux avant le mariage (les cernes et la gueule de bois le jour J, on a vu mieux)

✔ Les surprendre, dans le bon sens du terme

✔ Être à l'écoute de leurs envies plutôt que de vos propres fantasmes

✔ Multiplier les références et clins d'œil à votre histoire commune et à votre amitié

✔ ....

✔ ....

✔ ....

DON'T

✔ Les déguiser en lapin s'ils n'en ont pas envie

✔ Inviter un stripteaseur ou une stripteaseuse si le conjoint n'est pas d'accord

✔ Perdre le ou la future mariée (très drôle au cinéma, beaucoup moins dans la vraie vie)

✔ Finir aux urgences dans un état fortement alcoolisé

✔ Improviser une tentative de réconciliation avec un(e) autre ami(e), ce n'est pas le moment et risquerait de lui gâcher la soirée

✔ ....

✔ ....

✔ ....

ET APRÈS ?

NOS DERNIERS CONSEILS POUR LA ROUTE

Vous avez les maxillaires endoloris à force de sourire, vous avez ri, pleuré, dansé, vous avez totalement oublié les dernières semaines de stress avant le jour J : bref, votre mariage s'est déroulé comme sur un nuage. Pour ne pas redescendre trop vite, il y a le voyage de noces. Le top, si vous le pouvez, c'est de partir tout de suite après sans repasser par la case métro-boulot-dodo, histoire de prolonger la magie. À défaut, essayez au moins de prendre quelques jours à deux dans une jolie chambre d'hôtes ou un hôtel de charme pour savourer votre bonheur tout neuf.

Préparer son voyage de noces

Que vous soyez plutôt resort de luxe aux Seychelles ou trek à Bornéo, la lune de miel est souvent l'occasion de s'offrir un voyage hors du commun. Autrefois offert par la famille du marié, il est aujourd'hui généralement financé par la liste de mariage. Nos derniers conseils pour la route…

Anticiper

Ne vous y prenez pas à la dernière minute, vous aurez déjà bien assez de choses à gérer. Et si vous voulez négocier les meilleurs prix, mieux vaut réserver à l'avance. Pensez à vérifier les formalités administratives : avez-vous besoin d'un visa ? Vos passeports sont-ils à jour ? Des vaccins sont-ils nécessaires ? Ce serait dommage de rester coincés à l'aéroport !

Budgétez

Cela paraît idiot, mais ce serait ennuyant de revenir avec un crédit sur le dos ! Étudiez bien le coût de votre projet avant de réserver un billet d'avion ni échangeable ni remboursable. Cela vous permettra aussi d'éliminer d'office quelques destinations. Si vous êtes un peu justes financièrement, rusez. Traquez les promotions sur Internet, utilisez les comparateurs, réservez directement les hôtels sur place – les sites d'avis de voyageurs comme Tripadvisor sont d'une aide précieuse – et partez pendant la basse saison.

Préparez

Si vous n'êtes pas des baroudeurs dans l'âme, mieux vaut partir un peu préparés pour éviter la crise conjugale au milieu de la savane ! Vous pouvez déléguer cette mission à une agence de voyages, tout en sachant que cela vous reviendra plus cher. Sinon, renseignez-vous, dévorez les guides, épluchez les articles sur la région, surfez sur Internet, parcourez les sites des offices de tourisme, glanez les avis sur les forums… Et jetez un œil sur le site www.quandpartir.com pour vérifier que vous n'arriverez pas en pleine saison des pluies.

✔ **Bon à savoir :** avant de souscrire une assurance santé/rapatriement, vérifiez que ce n'est pas compris dans votre contrat de carte bancaire – c'est souvent le cas.

Partez !

Et vite ! C'est le meilleur remède contre le wedding blues. À glisser dans votre valise : de l'antimoustique (pour les pays tropicaux), une trousse de secours, des dessous affriolants (c'est votre voyage de noces tout de même) et quelques tenues habillées pour les dîners romantiques. Bon voyage !

Les Mariés sur le Divan

**La journée était réussie,
mais je n'arrête pas de repenser aux quelques couacs.**

Pas de panique, vous êtes juste atteint par le syndrome traumatique post-mariage, tout à fait courant. Commencez par dédramatiser. Les galères font d'excellentes anecdotes, prenez le parti d'en rire ! Et dites-vous bien que si quelque chose ne s'est pas passé comme prévu, il n'y a probablement que vous qui l'avez remarqué – qui d'autre savait que les serviettes devaient être pliées en origami ? Autre astuce, focalisez-vous sur ce qui s'est bien passé ; s'il y a eu des couacs, il y a eu aussi de bonnes surprises ! Pour vous en convaincre, repassez-vous l'album du mariage et regardez ces grands sourires !

**Je passe mes journées à déprimer
depuis la fin de mon mariage !**

Maintenant que cette journée merveilleuse est passée, vous ne savez plus quoi faire de vos soirées. Vous vous repassez les photos en boucle, la larme à l'œil, et vous feuilletez mélancoliquement votre carnet d'inspiration. Bref, vous avez le wedding blues ! Normal, après y avoir consacré toute votre énergie pendant des mois. Il n'y a pas grand-chose à faire, si ce n'est attendre que cela passe… ou ouvrir un wed-blog !

NOTRE CARNET DE (BONNES) ADRESSES

Plutôt qu'un listing exhaustif, nous avons préféré répertorier ici nos bons plans, nos coups de cœur et quelques adresses incontournables. Pour vous faciliter la tâche, nous les avons classées par chapitres.

S'INSPIRER

LES BLOGS DES AUTEURS

La Fiancée du Panda
lafianceedupanda.com

Weddingland
weddingland.fr

BLOGS FRANÇAIS

Des idées pour un joli mariage
desideespourunjolimariage.com

Fi(lle)ancée
leblogdefiancee.com

La mariée aux pieds nus
lamarieeauxpiedsnus.com

La mariée en colère
lamarieeencolere.com

Le blog de madame C.
leblogdemadamec.fr

Mlle Dentelle
mademoiselle-dentelle.fr

My Cultural Wedding Chic
myculturalweddingchic.com

Queen for a Day
queenforaday.fr

The Bride Next Door
thebridenextdoor.fr

Trendy Wedding
trendyweddingleblog.com

With a Love Like That
withalovelikethat.fr

BLOGS AMÉRICAINS

Green Wedding Shoes
greenweddingshoes.com

Martha Stewart Weddings
marthastewartweddings.com

Ruffled
ruffledblog.com

LES SALONS DU MARIAGE

Andy Festival (en novembre à Paris)
andyfestival.com

Le Grand Salon du Mariage
(en septembre à Paris)
legrandsalondumariage.fr

Les Coulisses du Mariage
(en automne dans plusieurs
villes de France)
lescoulissesdumariage.com

Love, etc (en janvier à Paris)
lovetc-event.fr

Mariage au Carrousel (Paris)
mariageaucarrousel.com

My Lovely Date
(en automne dans le Sud de la france)
mylovelydate.fr

MAGAZINES

ELLE
Grazia
Mariée Magazine
OUI Magazine

PLANIFIER

WEDDING PLANNERS

Ameliage
ameliage.fr

Les Cocottes happy events
lescocottesevents.com

Made in You
made-in-you.com

Majenia
majenia.com

Monsieur + Madame
monsieurplusmadame.fr

My Moon
mymoon.fr

LOCATION DE MATÉRIEL

E-loue
e-loue.com

Kiloutou
kiloutou.fr

Zilok
zilok.fr

EVENT DESIGNER

Épouse-moi Cocotte
epousemoicocotte.com

Style It Event
style-it-event.com

INVITER

FAIRE-PARTS ET SAVE THE DATE

Tendance

Crème de papier
cremedepapier.fr

Jardin d'Oz
jardindoz.com

Le Studio de Julie
le-studio-de-julie.com

MH Editions
decoupe-laser-papier.com

Mister M Studio
mistermstudio.com

Mon petit faire-part à l'américaine
monpetitfairepartalamericaine.fr

NabeFabric
nabefabric.com

Papier et Poésie
papierpoesie.com

Pepper and Joy
pepperandjoy.com

Ruban Collectif
rubancollectif.fr

Véronique Deshayes
veroniquedeshayes.com

Plus classique

Dancourt
dancourt.net

La Petite Baleine
lapetitebaleine.com

Wood's
fairepartwoods.com

Pour faire soi-même

L'Art du Papier
artdupapier.com

Marie Papier
mariepapier.fr

Papeterie Dentelle
papeteriedentelle.fr

IMPRESSION LETTERPRESS

Badcass
badcass.com

Poppypress
poppypress.fr

Studio Pression
studiopression.com

CRÉER SON SITE DE MARIAGE

Upiix
upiix.com

Weebly
weebly.com

Wordpress
wordpress.com

RECEVOIR

ANNUAIRES DES SALLES DE RÉCEPTION

1001 Salles
1001salles.com

ABC Salles
abcsalles.com

MANGER ET BOIRE

TRAITEURS

Traiteurs éthiques

C'Bio Traiteur
c-bio-traiteur.com

Éthique & Toques
ethique-et-toques.com

L'Instant Culinaire
linstantculinaire.fr

Té – Traiteur éthique
traiteur-ethique.com

Créatrice culinaire

Chloé cuisine en vert
chloecuisine.com

Pour le lendemain

L'Atelier d'Épicure, un traiteur mobile dans un camion rétro
latelierdepicure.fr

GOURMANDISES

Paris

Berko
cupcakesberko.com

Chez Bogato
chezbogato.fr

Fauchon
fauchon.com

Ladurée
laduree.fr

Lenôtre
lenotre.com

Sugar Daze
sugardazecupcakes.com

SugarPlum
sugarplumcakeshop.com

Synie's cupcakes
syniescupcakes.com

Province

A Sweet World, Toulouse
a-sweetworld.com

Au Cœur des Petits Délices, Nîmes
aucoeurdespetitsdelices.com

Cake Et Cupcake, Rennes
cakeetcupcake.com

Delphine Tollari Cakes, Marseille
delphinetollaricakes.com

Little, Lyon
little-petitsgateaux.com

Mademoiselle Daisy, Toulouse
daisygourmandises.com

Maman les P'tits Gateaux, Toulouse
mamanlesptitsgateaux.fr

Mon Grain de Sucre, Dijon & Lyon
mongraindesucre.com

Une Petite Fée dans La Cuisine, Montpellier
unepetitefeedanslacuisine.blogspot.fr

Zouzou Cakes, Saint Raphaël
zouzou-cakes.com

ACCORDS METS ET VINS

Wine Hemisphere
winehemispheres.com

Vins d'honneur & co
vinsdhonneur.com

CRÉER

POUR DÉCORER

Les grandes enseignes

Casa, Home, Ikea, Maisons du Monde, Zara…

Etsy, une mine pour votre mariage !

Kézako ? Ce nom curieux est en réalité une plateforme qui héberge des boutiques en ligne de créateurs (particuliers et professionnels) du monde entier. Mode, papeterie, bijoux, accessoires de coiffure, décoration vintage, livres d'or, urnes, détails originaux... Etsy est une véritable caverne d'Ali Baba dans laquelle on chine des créations hors du commun et souvent personnalisables. On y trouve aussi du matériel, comme le masking tape, les *bakers twine* ou les fameuses pailles rayées rétro. Pour dénicher LE faire-part ou LA robe, rien de plus simple : il suffit d'utiliser le moteur de recherche ou de se promener sur les wed-blogs qui renvoient régulièrement leurs lecteurs vers la plateforme. Rendez-vous sur *etsy.fr* !

Les petites boutiques en ligne

Bal de famille
baldefamille.com

Décorer le bonheur
decorerlebonheur.com

Happy Boutique
happy-boutique.com

Happy Home
happyhome.bigcartel.com/products

Les Fleurs
boutiquelesfleurs.typepad.com

Loulou Addict
loulouaddict.com

Milk & Paper
milkandpaper.bigcartel.com

My Little Day
mylittleday.fr

My Sweet Boutique
mysweetboutique.bigcartel.com

Pour les jolis jours
pourlesjolisjours.com

Sous le lampion
sous-le-lampion.com

POUR VOS DIY

Les grandes enseignes

Cultura
cultura.com

Dix doigts
10doigts.fr

Loisirs et Créations
loisirsetcreation.com

Rougier & Plé
rougier-ple.fr

Zodio
zodio.fr

Les petites boutiques en ligne

Bo Papier
bopapier.com

Botanique Éditions
(étiquettes, pochoirs, etc.)
botaniqueeditions.com

Creavea
creavea.com

Dafont
(polices à télécharger)
dafont.com/fr

Lovely Tape
(masking tape)
lovelytape.com

Moo
(impression
de cartes)
uk.moo.com/fr

My ruban
myruban.com

POUR CHINER

Agenda national des vides-greniers
vide-greniers.org

Annonces Dentelle,
(un site de petites annonces
dédié au mariage)
annoncesdentelle.fr

Ebay
ebay.fr

Le Bon Coin
leboncoin.fr

SE FAIRE BEAUX

POUR ELLE

LA ROBE

Les enseignes spécialisées

Cymbeline
cymbeline.com

Pronuptia
pronuptia.com

Pronovias
pronovias.fr

Ugo Zaldi
ugozaldi.com

Les multimarques bien fournis

Nuit Blanche
nuit-blanche.fr

Metal Flaque
metalflaque.fr

LES CRÉATEURS QU'ON ADORE

Nos chouchous

Élise Hameau
elisehameau.com

La Belle Bobine
labellebobine.com

Laure de Sagazan
lauredesagazan.fr

Marie Laporte
marie-laporte.fr

Orlane Herbin
orlaneherbin.com

Rime Arodaky
rime-arodaky.com

Stéphanie Wolff
stephaniewolff.net

Plus de talents...

Célestina Agostino
celestina-agostino.com

Christophe-Alexandre Docquin
docquin.fr

Confidentiel Création
confidentiel-creation.fr

David Purves
davidpurves.com

Delphine Manivet
delphinemanivet.com

Fabienne Alagama
fabiennealagama.com

Jenny Packham
jennypackham.com

Les sœurs Waziers
soeurswaziers.com

Louise Dentelle
louisedentelle.com

Meryl Suissa
merylsuissa.com

Odile Leonard
odile-leonard.fr

Olivier Portais
olivierportais.com

Sylvie Mispouillé
robes-de-mariee-sylvie-mispouille.com

Violette la Magnifique
violettelamagnifique.com

Les boutiques en ligne

BHLDN
bhldn.com

Net-à-porter
net-a-porter.com/wedding

Saja
sajawedding.com

Les enseignes de prêt-à-porter où dénicher des petites robes blanches

Asos
asos.fr

Brand Bazar
brandbazar.com

Max Mara Bridal
bridal.maxmara.com/en/Bridal

Naf Naf
nafnaf.com

La Redoute
(pour les collaborations avec des créateurs comme Delphine Manivet)
laredoute.fr

Location et seconde main

Fortunée
fortunee.fr

Graine de Coton
graine-de-coton.com

Ma bonne amie
mabonneamie.com

Rubans de soie
rubansdesoie.fr

ACCESSOIRES

Bijoux et headbands

Anna Rivka
annarivka.fr

Art et Facts
artetfacts.com

Calopsitte
calopsitte.fr

Libertie is My Religion
libertieismyreligion.com

Les Dissonances
lesdissonances.fr/boutique

Les Dormeuses
de Madapolam
lesdormeusesdemadapolam.fr

L'Accessoire
boutique.laccessoire.fr

Sidonie Lemaître
sidonielemaitre.com

So Hélo
so-helo.com

Tand3m
boutique.tand3m.fr

Twigs and Honey
twigsandhoney.com

Untamed Petals
etsy.com/shop/UntamedPetals

Chaussures

Dessine-moi un soulier
dessinemoiunsoulier.com

Mood by Me
moodbyme.com

Ohlala Paris
(clips pour chaussures)
ohlalaparis.fr

Sarenza
sarenza.com

Shoes of Prey
shoesofprey.fr

POUR LUI

BLOGS INSPIRANTS

Bonne Gueule
bonnegueule.fr

Comme un camion
commeuncamion.com

TENUES

Prêt-à-porter

De Fursac, Dior Homme,
Hugo Boss, Paul Smith,
Prada, The Kooples,
Sandro, Zara…

Petite mesure

Faubourg Saint Sulpice
faubourgsaintsulpice.fr

Jean De Sey
jeandesey.fr

Kees van Beers
kees-van-beers.com

Les Nouveaux Ateliers
lesnouveauxateliers.com

Marc Guyot
marcguyot.com

Mickaël Ohnona
ohnona.com

Samson
samson-paris.com

Savile House
savilehouse.com

Smalto
smalto.com

Smuggler
smuggler.fr

Wicket
wicket.fr

Grande mesure

Arnys
arnys.fr

Camps de Luca
campsdeluca.com

Cifonelli
cifonelli.com

Location

Béral
berallocation.com

Les deux oursons
lesdeuxoursons.com

ACCESSOIRES

Bretelles, boutons de manchettes, lacets...

Une autre paire de manches (boutons de manchette)
autrepairedemanches.fr

Les Bretelles de Léon
lesbretellesdeleon.com

Monsieur Lacets
monsieurlacets.com

Pilipiment (lacets)
pilipiment.com

Chaussettes

Archiduchesse
archiduchesse.com

Happy Socks
happysocks.com

Oh My Socks
ohmysocks.fr

Tabio
tabio.fr

Nœuds papillons

L'Atelier à nouer
atelieranouer.fr

Balzac Paris
balzac-paris.com

Ikonizaboy
ikonizaboy.com

POUR LE CORTÈGE

BOUTIQUES ET ENSEIGNES SPÉCIALISÉES

Bon rapport qualité/prix

Catimini, Cyrillus, Du Pareil au Même, Monoprix, Vert Baudet

Haut de gamme

Bonpoint, Bonton, IKKS, Jacadi, Tartine et Chocolat et les gammes enfants des enseignes de luxe

En ligne

Crinoline
www.crinoline.fr

Les Fées pimentées
jlenglart.canalblog.com

Les Petits Inclassables
lespetitsinclassables.com

Tambours et Trompettes
tamboursettrompettes.com

BIJOUX

Pierre-Marie Bernard, artisan joaillier
7 Rue Saint Roch, 75001 Paris
+33 (0)1 40 20 95 40
pierre-marie-bernard.com

En ligne et petits prix

Adamence
adamence.com

Cherry Diamond
cherrydiamond.com

Diamee
diamee.com

Zeina
zeina.fr

Bijoux anciens

Benoît Joaillier
benoitjoaillier.com

Bijoux Anciens Paris
bijoux-anciens-paris.com

Bottazzi et Blondeel
bijouvintage.com

Ghislaine Chaplier
ghislainechaplier.com

Salle de ventes de Drouot
drouot.com

CÉLÉBRER

SE MARIER CIVILEMENT…

Pour tout savoir sur vos droits et les formalités administratives

En France,
rubrique Famille > Mariage
http://vosdroits.service-public.fr

En Belgique
belgium.be/fr/famille/couple/mariage

Pour le contrat de mariage

En France
Notaires.fr

En Belgique
Notaire.be

CÉRÉMONIES LAÏQUES

LE guide de référence pour préparer votre cérémonie laïque

mademoiselle-dentelle.fr/ceremonies-laiques

Nos adresses d'officiants pour vous aider à préparer votre cérémonie laïque

1&Only Ceremony
1andonly-ceremony.fr

2L Festivités
2l-festivites.com

À deux mains tenant
a2mainstenant.com

Cérémonies et Compagnie
ceremonisetcompagnie.fr

Les Ateliers Mariage
lesateliersmariage.fr

Les Aventuriers de la vie
lesaventuriersdelavie.blogspot.fr

Noces de rêve
nocedereve.fr

Wedding evasion
wedding-evasion.com

Livres de référence

Se marier autrement : comment inventer une cérémonie civile ou religieuse, Florence Servan-Schreiber aux éditions Marabout
Les plus beaux textes pour célébrer une union, Anne Tardy aux éditions Librio

ANIMER

LANTERNES ASIATIQUES ET ACCESSOIRES LUMINEUX

Lanternes Thaïes
lanternes-thai.com

Les Magiciens du feu
lesmagiciensdufeu.fr

Sky Lantern
skylantern.fr

LOCATIONS DE VOITURES

Classic Rent
classic-rent.fr

Europcar Prestige
europcar.fr

Limousine Events
limousine-events.fr

Paris Luxury Car
parisluxurycar.com

Un combi Volkswagen vintage : Vintage camper
vintage-camper.com

Un taxi londonien : Cab Event
cabevent.fr

Un taxi new yorkais : Cinetaxi
cinetaxi.com

PHOTOBOOTH

Une appli à télécharger
Ma Jolie Cabine Photo sur iPad

Une cabine de photomaton vintage
lajoyeusedephotographie.com

Sur un ordinateur
photodentelle.fr

Version moderne
Laphotoboite.fr

COURS DE DANSE

Ludivine Les Salons
ludivinelessalons-danses.com

LOCATION DE JEUX ANCIENS

Jeux géants
grandsjeux.e-monsite.com

La grenouille aux jeux d'or
lagrenouilleauxjeuxdor.com

Location de jeux en bois
location-jeux-bois.com

IMMORTALISER

PHOTOGRAPHES

Nos chouchous...

Emilie White
emiliewhite.com

Lovely Pics
lovelypics.fr

Delphine Perrin
mariage-portrait.com

Pierre Atelier
pierreatelier.com

Marion Heurteboust
marionhphotography.com

One and Only Paris Photography
oneandonlyparisphotography.com

Tiara Photographie
tiara-photographie.fr

Plus de talents...

Béatrice de Guigné
beatrice-dg.com

Blanc Coco Photographe
blanccoco-photographe.com

Capture Life
capturelife.fr

Cécile Creiche
cecilecreiche.com

Coralie Photography
coraliephotography.com

Davidone
davidone.fr

Ela & The Poppies
elapoppies-photography.com

Emmanuel Bergère
mariageimage.com

Fleur de Sucre Photographe
fleurdesucre.com

Florence Jamart
flojamartphotography.com

Floriane Caux
florianecaux.com

Keith Flament Photographie
keith-photographie.com

Mademoiselle Fiona
mademoisellefiona.com

Mamazelle
mamazelle.com

Mamzelle Joe
mamzellejoe.fr

Mam'zelleClic
mamzelleclic.fr

Marie-Eve Photography
marieevephotography.com

Nath Ziem
nathziem.photos.free.fr

Pauline F. Photography
paulinefphotography.com

Ricardo Vieira
ricardo-vieira.com

Sages comme des images
sagescommedesimages.com

Sébastien Boudot Photography
mariages.sebastienboudot.com

Shoot in Love
shootinlove.com

Sophie Delaveau
sophiedelaveau.com

Studio Cabrelli
studiocabrelli.com

Sweet Candy Photography
sweetcandyphotographie.com

Xavier Navarro
xaviernavarro.com

VIDEASTES

Nos chouchous

Dolly Wedding
dollywedding.fr

Weddream Productions
weddream.fr

Plus de talents...

Better Times
bettertimes.fr

Clap Studio
clapstudio.fr

Lifestyle Prod
lifestyleprod.fr

Studio 80
studio80prod.fr

Super 8 mon amour
super8monamour.com

Studio Artifice
studioartifice.com

U&Me Wedding
uandmewedding.com

Wedding Cinematographie
mg-image.com

FLEURIR

LES CRÉATEURS ET ATELIERS FLORAUX

Nos chouchous...

Lily Griffiths
lilygriffiths.com

Madame, Artisan Fleuriste
madame-artisanfleuriste.com

Plus de talents...

Arôm
aromparis.fr

Flowerjugs
flowerjugs.com

Girls and Roses
girlsandroses.com

Roses by Claire
rosesbyclaire.com

LES FERMES-CUEILLETTES POUR RAMASSER SES FLEURS SOI-MÊME

Chapeau de paille
chapeaudepaille.fr

La Ferme de Viltain
viltain.fr

OFFRIR

LES LISTES DE MARIAGE EN MAGASIN

1001 listes (service de listes des Galeries Lafayette et du BHV Marais)
0 892 231 001
1001listes.fr

Printemps Listes
0 892 68 68 91
listes.printemps.com

LES LISTES DE MARIAGE EN LIGNE

Ameliste
ameliste.fr

Lily Liste
lily-liste.com

Madame et Monsieur
madame-et-monsieur.com

Zankyou
zankyou.com/fr

CADEAUX D'INVITÉS

Ça change des dragées
cachangedesdragees.com

Les Petits Cadeaux
lespetitscadeaux.com

Le Songe du verger
(confitures artisanales
en petits pots)
confiture-songeduverger.com

Love and gift
lovngift.fr

Medicis Paris,
créateur de dragées
medicis.fr

ACCOMPAGNER

LES SERVICES DE CAGNOTTE EN LIGNE

Bankeez
bankeez.com

Leetchi
leetchi.com

POUR FIXER UNE DATE D'EVG/EVJF

Doodle
doodle.com

ET APRÈS... NOS DERNIERS CONSEILS POUR LA ROUTE

BONS PLANS

Tripadvisor,
indispensable pour les avis d'autres voyageurs sur les hôtels, restaurants…
tripadvisor.fr

Voyage privé
voyage-prive.com

Very Chic
verychic.com

COMPARATEURS

E-bookers
ebookers.fr

Expedia
expedia.fr

Opodo
opodo.fr

Liligo
(comparateur de vols incluant les low costs)
liligo.com

LES AGENCES

1001 Voyages à Deux
1001voyagesadeux.fr

Comptoir des Voyages
comptoir.fr

Un Monde à Deux
unmondeadeux.com

Voyageurs du Monde
voyageursdumonde.fr

INDEX PAR THÈME

Le cadre

Choisir un lieu de réception, *56*

Choisir une région pour se marier, *55*

Choisir une saison pour se marier, *52*

La décoration :
　Choisir l'éclairage, *88*
　Choisir les bonnes couleurs, *11*
　Choisir le style, thème
　et motif du mariage, *14*
　Cornets pour le riz
　et les pétales de fleurs, *108, 113*
　DIY, mode d'emploi, *102*
　Faire des pompons pour
　la décoration, *114*
　Faire un bouquet
　de cœurs en feutrine, *112*
　Le calendrier des fleurs, *110*
　Organiser l'espace de la réception, *92*
　Personnaliser la décoration, *93*
　Trouver l'inspiration, *9*

Un mariage à votre image :
　Mariage à l'étranger, *64*
　Mariage éthique, *39*
　Mariage religieux, *150*
　Mariage rustique et bohème, *18*
　Mariage sans enfants, *43*

Les mariés et leurs proches

Alliances, *140*

Assumer ses complexes, *141*

Éviter la déprime après le mariage, *209*

Les invités :
　Élaborer la liste d'invités, *40*
　Faire le plan de table, *84*
　Faire ses faire-part, *51*
　Prévenir, *45*
　Remercier, *193*

Se faire belle avant le jour J, *122*

Se faire beau avant le jour J, *136*

Survivre à son enterrement de vie de jeune fille/jeune garçon, *201*

Témoins, *198*

Tenue de la mariée, *116*

Tenue des enfants du cortège, *139*

Tenue des parents des mariés, *136*

Tenue du marié, *128*

Textes de remerciements, *197*

S'organiser et planifier

Check-list à J-7, *38*

Choisir un photographe/vidéaste, *172*

Choisir un prestataire pour l'animation musicale, *163*

Choisir un traiteur ou un restaurateur, *78*

Créer des temps forts, *167*

Déléguer, *32, 35*

Démarches administratives de la cérémonie civile, *144*

Engager quelqu'un pour s'aider :
    L'event-design, *16*
    Le wedding-planner, *32*

Faire un rétro-planning des préparatifs, *20*

Gérer son budget, *22*

Gérer ses prestataires, *31*

Lendemain, *82*

Manger et boire, *66*

Moments à mettre en musique, *160*

Musique pour le jour J, *160*

Organiser le cocktail et le dîner, *69*

Préparer la liste de mariage, *188*

Prévoir les photos :
    Avant et après le mariage, *180*
    Immortaliser, *172*
    Les photos à avoir absolument, *187*
    Pendant le mariage, *177*
    Photobooth, mode d'emploi, *182*

Questions à poser :
    Pendant la visite d'un lieu, *65*
    À son prestataire pour l'animation musicale, *170*
    À son photographe/vidéaste, *186*

Préparer son voyage de noces, *206*

Régimes légaux et contrats de mariages, *147*

Repas : traiteur, restaurant ou fait maison ?, *66*

Save-the-date, 45, *109*

Textes pour la cérémonie, *159*

Timing de la journée, *27*

INDEX ALPHABÉTIQUE

A

À quelle saison se marier ?, *52*

Accessoires, *121, 132*

Acheter les boissons, *77*

Allée centrale de la cérémonie, *99*

Alternatives aux fleurs coupées, *98*

Animation musicale, *160*

Arche (cérémonie en extérieur), *99*

Ascot, *133*

Assumer ses complexes, *141*

Assurer soi-même l'animation musicale, *166*

Alliances, *100, 140*

B

Badges pour les invités, *99*

Bar à, mode d'emploi, *85*

Barbecue, *72*

Barbier, *136*

Beauty-routine, *124*

Boutiques enseignes, *116*

Bouton, *125*

Briefer le prestataire musical, *165*

Buffet, *57 71, 101*

Budget, *22*

Budget poste par poste, *37*

Budget pour le lieu, *56*

C

Cadeaux d'invités, *99, 109, 193*

Calendrier des fleurs, *110*

Centres de table, *100*

Cérémonie civile, *144*

Cérémonies laïques, *152*

Ces détails qui changent tout, *99*

Château, *56, 58*

Chaussures, *121*

Check-list à J-7, *38*

Choisir les bonnes couleurs, *11*

Chorale, *164*

Cocktail, *69, 71, 74, 76, 101, 162, 168, 180*

Coiffure, *126, 136*

Confettis, *102*

Contrats de mariage, *148*

Coordonner vos prestataires, *22*

Costume, *131*

Cravate, *134*

Créateurs, *118*

Créer des temps forts, *167*

D

Dans quelle région se marier ?, *55*

Déléguer, *32, 35*

Démarches administratives de la cérémonie civile, *144*

Demeure familiale, *58*

Dessous, *121*

Devis, *80*

Dîner, *70, 76*

DJ, *164*

Do et don't de l'enterrement de vie de jeune fille/de garçon, *205*

Do et don't de l'essayage, *120*

DIY, mode d'emploi, *102*

E

Éclairage, *88*

Écrire, *106*

Enfants du cortège, *139*

Épilation, *125*

Essayages : mode d'emploi, *119*

Étiquettes, *101*

Event-design, *16, 211*

Eviter la déprime après le mariage, *209*

F

Faire-part, *46, 51, 109*

Fanions, *101*

Ferme, *58, 63*

Flashmob, *204*

Fleurs, *93, 94, 98, 110*

G

Gants, *122*

Gilet, *122*

Cardigan, *122*

Guide du parfait témoin, *201*

I

Immortaliser, *172*

K

Kit de survie des mariés, *142*

L

Lavallière, *133*

Lendemain, *82*

Lieu de réception, *56*

Lèvres douces le jour J, *125*

Lieu public, *62*

Liste d'invités, *40, 50*

Liste de mariage, *188*

Livre d'or, *101*

Livret de cérémonie, *101*

Location, *119, 130*

M

Mairie, *28, 144*

Manchons, *122*

Manucure, *136*

Manger et boire, *66*

Maquillage, *126*

Mariage à l'étranger, *64*

Mariage éthique, *39*

Mariage religieux, *150*

Mariage rustique et bohème, *18*

Mariage sans enfants, *43*

Marié, *127*

Mariée, *116*

Menu, *101, 109*

Mercerie, *108*

Mitaines, *122*

Multimarques, *116*

Musique pour le jour J, *160*

N

Nœud papillon, *135, 143*

Numéros/Noms de table, *101*

O

Officiant, *156*

Optimisez vos visites, *61*

Orchestre, *163*

Organisez l'espace de la réception, *92*

P

Papier, *106*

Papeterie, *107*

Personnaliser la décoration, *93*

Pétales, *102, 113*

Photobooth, *100, 182*

Photographe/vidéaste, *109, 172, 175*

Photos à avoir absolument, *187*

Photos avant et après le mariage, *177, 180*

Photos pendant le mariage, *177*

Pièces à fournir, *146*

Pique-nique, *72*

Plan de table, *72, 84, 102*

Pompons pour la décoration, *114*

Prestataires, *78*

Prêt-à-porter, *118, 128*

Prévenir les invités, *45*

Publication des bans, *146*

Q

Questions à poser pendant la visite d'un lieu, *65*

Questions à poser à son prestataire pour l'animation musicale, *170*

Questions à poser à son photographe/vidéaste, *186*

R

Recevoir chez soi : mode d'emploi, *62*

Régime, *124*

Régimes légaux et contrats de mariages, *147*

Remercier les invités, *193*

Repas, *66*

Repas fait maison, *68*

Restaurant, *68*

Restaurateur, *78*

Rétro-planning des préparatifs, *20*

Riz, *102, p. 113*

Robe de mariée, *116*

Robe de mariée sur Internet, *119*

S

Salle des fêtes, *57, 63, 90*

Save-the-date, *45, 109*

Seconde main, *119*

Se détendre, *125, 136*

Se faire belle avant le jour J, *122*

Se faire beau avant le jour J, *136*

Sites de recherche de salles, *60*

Site Web de mariage, *48*

Soin des cheveux, *124*

Sommeil, *125*

Sources d'inspiration, *8*

Sourcils, *124, 136*

Style du mariage, *14*

Sur-mesure, *118, 128, 130*

Survivre à son enterrement de vie de jeune fille/jeune garçon, *201*

V

Vin d'honneur, *43, 69*

Vœux des mariés, *155*

Voile, *121*

Voyage de noces, *206*

W

Wedding-planner, *32, 60*

T

Teint brouillé, *125*

Témoins, *198*

Tenue de la mariée, *116*

Tenue des enfants du cortège, *139*

Tenue des mamans des mariés, *136*

Tenue des papas des mariés, *139*

Tenue du marié, *128*

Textes de remerciements, *197*

Textes pour la cérémonie, *159*

Thème du mariage, *14*

Timing de la journée, *27*

Traiteur, *66, 78, 213*

Trouver l'inspiration, *9*

CRÉDITS

★ **Photo de couverture :** Lovely Pics.
Photo de 4ᵉ de couverture : de g. à d. :
Lovely Pics ; Marion Heurteboust ; Lovely Pics ; Lovely Pics ; One and Only Paris ; Pierre Prospero.

★ **Nessa Buonomo**, La mariée aux pieds nus pour Made in You (blogueuse et styliste), en collaboration avec :
- Marion Heurteboust (photographie) : pages 21, 44, 82, 108, 129, 145, 197, 237.
- Chloé cuisine en vert (création culinaire) et Lovely Pics (photographie) : pages 77, 79.
- Xavier Navarro et Marion Heurteboust (photographie) : page 19.

★ **La Fiancée du Panda & Weddingland** (blogueuses et stylistes), en collaboration avec :
- Chloé cuisine en vert (création culinaire) et Lovely Pics (photographie) pages 73, 75, 78.

★ **Lovely Pics** *www.lovelypics.fr*
pages 6, 7, 9, 13, 15, 23, 24, 28, 55, 57, 89, 103, 107, 117, 118, 126, 137, 153, 155, 159, 178, 190, 191, 192, 199.

★ **Pierre Atelier** *www.pierreatelier.com*
pages 6, 7, 33, 95, 121, 179, 186, 207.

★ **Marion Heurteboust**
www.marionhphotography.com
pages 10, 34, 53, 60, 69, 70, 81, 83, 99, 106, 115, 120, 123, 131, 138, 150, 156, 163, 181, 189, 195.

★ **Les Cocottes Happy Events**
www.lescocottesevents.com
avec Ernestine et sa famille : pages 175, 202.
Avec Marianne Taylor : pages 173, 176.
Avec Julien Montfajon : page 164.

★ **Sages comme des images**
www.sagescommedesimages.com
avec **Le Studio de Julie**
www.lestudiodejulie.com
pages 58, 61, 74, 93, 101, 105, 182, 183, 184.

★ **MisterMStudio**
www.mistermstudio.com
pages 6, 41, 42, 45, 46, 47, 194, 212.

★ **One and Only Paris Photography**
http://oneandonlyparisphotography.com/
pages 5, 7, 27, 30, 56, 67, 91, 92, 96, 100, 104, 132, 149, 157, 161, 166, 168, 217, 227.

★ **Tiara Photographie**
www.tiara-photographie.fr
pages 98, 229.

★ **Under Grace Photo**
http://undergracephoto.com
page 208, 228.

★ **Perfect Day Factory**
www.theperfectdaybyjanine.com
pages 86, 112, 113, 114, 143.

★ **Marie-Eve Photography**
www.marievephotography.com
pages 7, 130, 147, 162, 201, 221, 224.

★ **Marianne Taylor**
www.mariannetaylorphotography.co.uk
page 6.

Un immense merci aux blogueuses, photographes et créateurs qui ont soutenu notre projet avec enthousiasme, y ont apporté leur contribution et ont accepté de nous prêter leurs magnifiques photos pour l'illustrer. Ce livre n'aurait pas été le même sans vous.

Un immense merci aux lecteurs et lectrices de nos blogs, dont les commentaires, mails et échanges nous nourrissent au quotidien, et qui nous ont donné envie d'écrire ce livre.

Un immense merci à nos amies blogueuses, pour la bonne humeur qui règne dans notre petite communauté et les liens d'amitiés véritables qui se sont tissés au-delà du virtuel.

Merci à nos deux petits garçons Arthur et James, nés en janvier 2013, d'avoir attendu que nous ayions (presque) terminé ce livre pour pointer le bout de leur nez.

Et enfin, le plus grand merci de tous à nos deux formidables maris pour leur soutien indéfectible, leur amour et leur capacité à supporter les écrans de nos ordis jusque tard dans la nuit.

DES MÊMES AUTEURS, CHEZ LE MÊME ÉDITEUR

Oh oui ! L'album de notre mariage

Direction éditoriale : Corinne Cesano
Édition : Delphine Depras
Collaboration éditoriale : Miléna Zahalka
Direction artistique : Vu Thi
Création graphique : Julia Philipps
Mise en page : Joséphine Cormier
Illustrations : Solenne Siben
Photogravure : APS/Chromostyle
Fabrication : Laurence Duboscq

© Éditions Solar, Paris, 2013

Tous droits de traduction, d'adaptation et de reproduction par tous procédés, réservés pour tous pays.

ISBN : 978-2-263-06128-8
Code éditeur : S06128/04
Dépôt légal : août 2013
Imprimé en France par Loire Offset Titoulet